U0142202

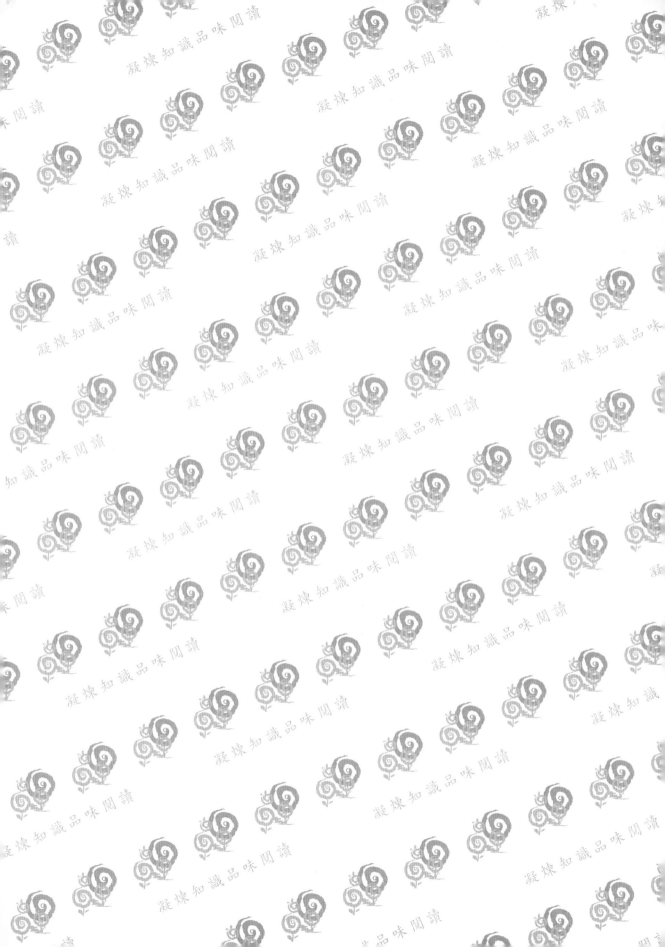

Introduction of Baysian Statistics

貝氏統計導論
EXCEL應用

楊士慶、陳耀茂 編著

五南圖書出版公司 印行

序　言

此 10 幾年來，貝氏理論在廣泛的領域中受到活用。譬如，以網站搜尋聞名的谷歌（Google），以效率佳的搜尋理論證明了貝氏邏輯想法。另外，在電子郵件的寄件收件軟體中，區分出垃圾郵件（Spam mail）也是活用此想法。

像這樣，雖然是利用頻繁的貝氏理論，但在國內所出版的許多解說書，都令人難於理解。鎖定的對象是統計學的專家或特定領域中的讀者，對貝氏理論的入門者來說，談不上親切。在國內，貝氏理論還只是在狹隘的領域中加以活用就是最好的證明。

統計學是實際的學問，貝氏統計也不例外，廣泛的加以利用，它的真正價值才得以發揮。只是當作一部分專家的工具使用，實在有些可惜，期望可在各種領域中受到更多人的利用。

本書是針對貝氏理論以及其發展而成的貝氏統計學，以容易理解的方式去解說基礎概念的一本入門書。為了使幾乎不具有統計知識的人也可理解，本書使用具體例子且以插圖的方式解說，許多貝氏統計的解說書所省略的計算式，也盡可能不省略地予以記載。

另外，使用 Excel 說明具體例的處理方法。大多數的解說書是利用專門的統計處理軟體，未明示計算部分，但本書以廣泛應用的 Excel 使實例更為明確。因此，貝氏統計的計算部分不再是黑箱作業，它的本質更可明確地表達出來。

貝氏統計將是統計學的主流，今後在國內將會更為普及。本書如能對貝氏理論與貝氏統計的普及有少許的助益，我們將感到莫大榮幸。

楊士慶、陳耀茂　謹誌

〈閱讀時要注意的地方〉

＊本書所揭載的 Microsoft Excel 的版本是 2016 年。

＊以「容易理解」為優先，因此不使用嚴謹的用語，而是以日常用語表現。
　如有缺乏嚴謹之處，敬請見諒。

＊表記上，小數的最後位數，計算結果有時不一致。

＊記號 ≒ 是「大約」之意。譬如，$\frac{35}{12} ≒ 2.9$ 是「$\frac{35}{12}$ 大約為 2.9」之意。

＊記號 ∝ 是「成比例」之意。亦即，

$$Y \propto x$$

　是意指變數 y 與變數 x 成比例。亦即，將 k 當作定數時，即意指如下所示：

$$y = kx$$

CONTENTS 目 錄

第1章　谷歌與微軟都使用貝氏統計

本章試著調查「貝氏統計」是什麼樣的統計學。只要當成記事文章閱讀即可。關於「為什麼」，則留到以後的章節中說明。

1.1　21世紀是貝氏統計的世紀

揭開21世紀序幕的2001年，微軟公司的總裁比爾蓋茲（Bill Gates）曾明言：「21世紀微軟的基本策略是貝氏科技（Bayes technology）」。事實上，微軟公司的研究中心聚集了世界上首屈一指的貝氏統計專家。

正如比爾蓋茲所說，在目前電腦的各種領域中已利用著貝氏科技。譬如，網際網路的「攔截垃圾郵件」（Spam mail），利用個人電腦時可提供適切的「說明（Help）」資訊等，它的研究成果正受到活用。

貝氏科技的應用，不限於電腦領域，還包含心理學、財務工程等，在各種領域中開始受到活用。

貝氏科技的各種應用領域

那麼，比爾蓋茲所說的「貝氏科技」是什麼？那是依據「貝氏定理」此極為簡單的機率統計理論。雖然是稱不上「定理」的簡單定理，但因發想的轉變讓貓

變成了老虎。

另外，「貝氏（Bayes）」之名是來自 18 世紀後半蘇格蘭長老教會的牧師湯姆士 · 貝葉斯（Tomas Bayes）。（註：貝葉斯是姓，故簡稱爲貝氏）。

「咦？在 200 年前就已經發現此定理！」

你也許會感到吃驚，但事實的確如此。雖然早在 200 年前就已發現此定理，直到 21 世紀的今日才受到關注。

順便一提，貝氏所屬的長老教會是基督教新教（Protestant）的一派，即卡爾文（Calvin）派。身爲該教會牧師的貝氏，也是業餘的數學家，他所想出的方法即爲「貝氏定理」。

「竟然是業餘的數學家所發現的！」

業餘數學家所發現的定理，卻被比爾蓋茲（Bill Gates）所引用，成爲本書主題「貝氏定理」的主幹。

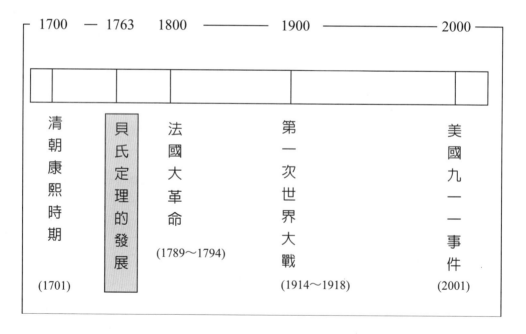

話說，200 多年前就已發展的定理爲何到了今日才亮相呢？有點不可思議吧！原因在於貝氏理論具有的「模糊性」。

在利用貝氏定理的統計學中，是假定事前機率的想法再去求解。從後面會說明的貝氏統計的計算中似乎可以理解，以數學的方式嚴密決定此「事前機率」許

多時候是有困難的。雖然是數學，卻在「模糊」的理論之下成立。因此，貝氏統計所處理的機率稱爲「主觀機率」的情形也有，它是具有此「模糊」性，因而受到近代統計學者的批評。

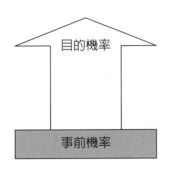

　　貝氏統計是在「事前機率」的基礎下成立的，由於被 20 世紀的近代統計理論主流派視爲「不嚴謹」，貝氏統計因而被漠視了。亦即，貝氏統計被建立起近代統計學基礎的英國統計學者費雪（Fisher; 1890～1962 年）與美國統計學者尼曼（Neyman; 1894～1981 年）視爲「不嚴謹」而遭到封殺。

　　可是，短處與長處相通。費雪與尼曼等人批評的「不嚴謹」，可以解讀成「柔軟性」。亦即，似乎可以將人的經驗法則與感性，以「事前機率」此種貝氏定理的特有想法爲媒介，引進到統計學中。並且，經此解讀之後，貝氏定理能利用在人介於其間的各種領域中，像 IT、財務工程、心理學、人工智慧等。

　　以應用貝氏統計爲主的統計學者稱爲貝氏理論人士（Baysian）。目前在美國的貝氏理論人士，比費雪與尼曼所倡導的近代統計學的信奉者還多。貝氏定理是從根本重新修改我們原有的「統計」理論而成爲「新的統計學」，在該提倡者死後 200 年才開始進入黃金時期。

1.2　貝氏理論是什麼？

　　貝氏理論是什麼？嚴謹的說法容後敘述，此處是以印象式的理解作爲目標。此後擬敘述的 A 君就職，其合格錄用的「機率變化」，正是貝氏理論的思考過程。

現今，大學生正面臨求職期，A 君周遭的友人開始求職。首先，在毫無任何資訊的情況下，合格錄取的機率必然是一半一半，亦即 $\frac{1}{2}$，這就是「事前機率」（如此模糊行嗎？不要懷疑！貝氏理論所探討的機率稱爲「主觀機率」，就是這個意思！）。

合格機率
1/2

A 君爲了求職，接受筆試的模擬考。對筆試有自信的 A 君得到了高分。從「得到高分」的資訊來看，A 君合格錄取的機率應該很高。接受考試前的合格錄取機率是 1/2，在筆試的模擬考中「得到高分」的新數據發揮作用，合格錄取的機率由 1/2 提高至 2/3。

筆試模擬考
高分

合格錄取的機率由 1/2 提高至 2/3

接著，接受面試的模擬考。A 君不擅於面試，得到，「不乾脆、耐性不足」的負面評價，對目前著重在面試的求職考試是很大的傷害。因此，新的數據讓合格錄取機率由之前的 2/3 降至 2/5。（像這樣，爲了得到新的數據，機率呈現變化的情形，稱之爲「貝氏更新」）。

面試模擬考
低分

合格錄取的機率由 2/3 降至 2/5

可是，當天晚上公司中擔任品管圈管理職的前輩來電，告知「已向人事負責人轉達 A 君要就職的意願」。此新的資訊，再度提高合格錄取的機率。合格機率由之前的 2/5 提高至 3/4。

以上的機率變化過程，即為利用貝氏理論計算機率的演算過程（像 1/2 或 2/3 等的數值，當然是合適的值）。

此處，讓人實際感覺到貝式理論計算機率的過程，與平常我們心中的感受是一致的。對已經擁有的機率資訊，加上手中取得的數據資訊，計算新的機率資訊，此種演算過程，與平常我們所採行的想法與方法是一致的。此種一致性正是貝氏統計在廣泛的領域中可以活用的原理。

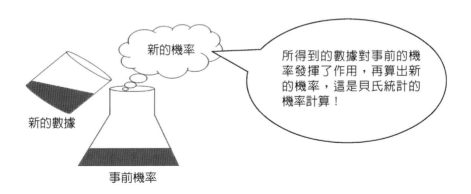

試著再略微調查具體的應用方法。假定有 1 年前的資料，設若此後得到一些統計上的資訊與經驗，從而得到了新的資料，此時 1 年前的知識要如何採用才好呢？

能夠輕易解決此種問題的即是貝氏理論。如之前所說明的,將新的數據引進過去的機率中,再將機率「更新」即可。過去的數據很自然的被活用在已更新的機率之中。

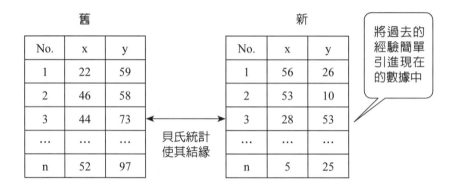

在過去的統計學中,將新的資料與舊的資料統一處理並不簡單,像迴歸分析與變異數分析等,需要特別的統計方法。如果使用貝氏統計,以「事前機率」「事前分配」的方式,過去的經驗與知識即可簡單引進目前的統計分析中。

1.3　過去的統計學與貝氏統計學在想法上之差異

為了使貝氏定理可以應用到統計學中而加以調整,利用它進行資料分析即為貝氏統計學(簡稱貝氏統計)。那麼,目前被許多教科書所採用的「過去的統計學」,與此「貝氏統計學」有何不同?想法上的差異是什麼?

為了調查國內成年男性的平均身高,今隨機抽出 5 位男性,測量他們的身高。至此處為止是經常見到的情況。

在過去的統計學教科書中,是如下處理此數據的:

1. 對國內的成年男性,假想獨一無二的「平均身高」。

2. 隨機選出的 5 人的身高數據已知如下表。

姓名	身高（cm）
陳一	167
李二	175
張三	164
柯四	182
王五	177
平均身高	173

3. 數次隨機抽出 5 人，由此得出②的 5 位男性的平均身高，出現種種的變化。可是，5 人的平均身高所得出的平均，與①獨一無二的「平均身高」一致。

以往統計學的想法

從具有獨一無二的平均身高的母體中，偶然得出陳一等 5 人的樣本。

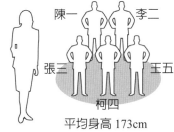

平均身高 173cm　　　平均身高 167cm　　　平均身高 171cm

組合此想法與機率論去進行平均身高的估計。

此想法是假定 5 人身高的數據可以數次重複取得。因此，在此種想法下將處理數據的方法稱為「次數主義」。

那麼，以貝氏定理作為理論依據的貝氏學者是在什麼樣的想法下面對此數據呢？

1. 不追求國內成年男性獨一無二的「平均身高」。取而代之，是調查他們平均身高的機率分配。

2. 將目前所得到的資料當作已知唯一的數據來處理。

3. 由①與②求出「平均身高」的機率分配，再引出統計資訊。

姓名	身高（**cm**）
陳一	167
李二	175
張三	164
柯四	182
王五	177

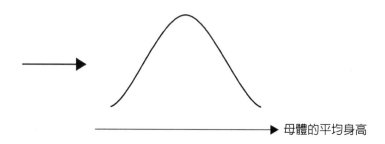

母體的平均身高

　　熟悉目前許多教科書所採用的統計學的讀者，最初對貝氏統計學也許會不知所措。愈是學習過統計學的人，應該愈會如此，因為數據的處理方法與以往不同。

統計學	數據	母數（**parameter**）
貝氏統計學	資訊的來源	是機率變數，設法調查它的分配。
過去的統計學	機率變數	假定母體固有的唯一值是存在的。

　　在此表中，所謂母數是指決定數據服從分配的定數。譬如，以常態分配來說，平均值與變異數即為母數（也有稱母數為參數者）。

　　附帶地，試調查貝氏統計與過去的統計學的地位。

　　現在的統計學中的各領域是密切地相互結合，要將它們明確清楚地分類是不可能的。可是，如敢於將貝氏統計定位在現代的統計學之中，大概可以表示成如1.3 節末頁的圖形。

　　現代的統計學可大略區分為「記述統計學」與「數理統計學」。

記述統計學的領域是將重點放在整理所收集之數據，將數據整理成簡單的數值，或予以圖形化，使之容易利用數據。

數理統計學的領域是使用數學的工具分析數據，探討數據的背後所隱藏的構造與本質。

此數理統計學大略有兩大支流，一是，將數據想成樣本，從此樣本就母體的特性值（亦即母數）估計其資訊的「推測統計學」；另一個是，解析數據的構造，調查變數間的關係的「多變量分析」。

貝氏統計可以想成是定位在「推測統計學」的領域中，使用稱為事後分配的機率分配，估計母數或決定統計量。

當然，傳統的統計學也提供估計母數及決定統計量的方法，只是如後述，它的估計與決定的方法是不同的。如利用貝氏統計，估計與決定方法是會比過去的統計學更能接近人的決策方式。

如先前所述，現代統計學的各領域是相互採用各自的長處並加以組合，因此，明確地分類是不可能的。譬如，對於多變量分析的代表即迴歸分析也採用貝氏統計的想法，正被開拓出新的領域。不久的將來，包含圖之分類的新統計方法也許會誕生。統計學愈變愈有趣，此後也是不可忽略的領域。

⊃ 統計學的整體輪廓

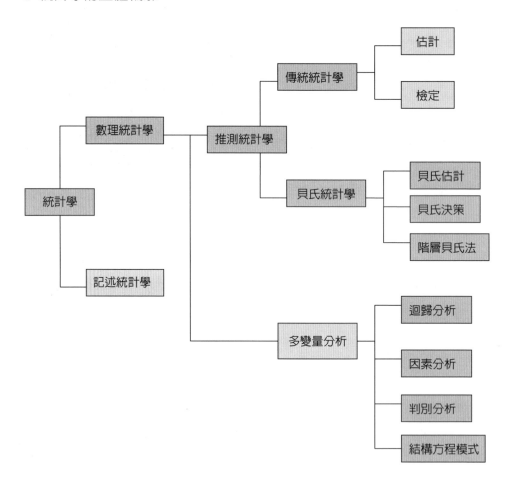

1.4 　貝氏統計學與 MCMC 法

　　貝氏統計已經有了新的發展，風雲際會了稱爲「馬可夫鏈蒙地卡羅法」（MCMC 法）的電腦計算法，因而變得容易計算複雜的統計模式。

　　過去的統計學一直努力將模式簡單化，盡可能使計算簡單化。譬如，當調查身高與體重的統計分配時，只假定平均數與變異數 2 種母數，盡力使此 2 個母數能代表統計分配。

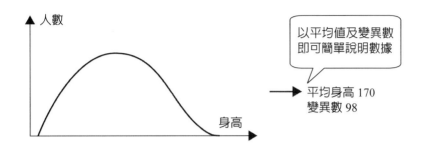

可是，構成資料的每一個體之值，理應是受各種原因所決定，不能只以 2 個母數來說明各個數據的個性。

此處，有了新的發展。組合貝氏統計與 MCMC 法時，甚至構成資料的每個個體的個性也可以很明顯的分析，此技法稱為「階層貝氏法」。

階層貝氏法是使構成資料的每一個數據都具有個性。並且，將每個個性想成服從「某個分配」。此處是使用貝氏理論融合個性的分配與資料的分配，做出新的分配。利用此新的分配計算各種統計量，即所謂的「階層貝氏法」。在過去的統計學中是未被考慮的動態計算技法。

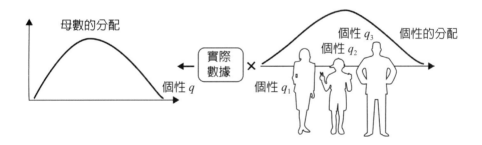

關於此 MCMC 法的具體例子，請參考第 5 章、第 6 章。

令人高興的是，連同 MCMC 法在內，許多的貝氏統計問題都能以常用的 Excel 來計算。儘管過去的統計，也有使用 Excel 來處理，但想要正式挑戰，無論如何是需要 SPSS 等的專用軟體。可是，如果是貝氏統計，只要 Excel 就足夠，因為貝氏理論的基礎比較單純，正因為單純，Excel 並非「代用軟體」，而是可以用來充分處理貝氏理論的軟體。

第2章　進入貝氏統計前的準備

> 本章在說明貝氏統計（Bayesian statistics）所應用的用語、定理與想法。本章無法全盤解說機率、統計學，但為了理解貝氏統計，至少必須知道一些基礎知識。熟悉機率與統計學的讀者，可略過此章。

2.1　條件機率與乘法定理

一、機率的意義與其記號

貝式統計學中經常出現「條件機率」（Conditional probability）的用語，因此首先必須知道「機率是什麼」。

最容易理解機率的例子是骰子。今投擲一顆骰子，調查「偶數點出現的機率」。順便一提，投擲骰子的動作稱為試行（Trival），經由試行所得之結果稱為事件（Event）。

求「偶數點出現的機率」時，偶數點出現的事件以 A 表示，發生此事件 A 的機率是 P，由如下的式子所決定：

$$P = \frac{\text{出現「偶數點」的情形}}{\text{所有可能點數的出現情形}}$$

1 顆骰子的點數出現方式有 1～6 共 6 種可能。所以，分母中「所有可能點數的出現情形」是 6。

其中，「出現偶數點的情形」（事件 A）」是 2、4、6，共 3 種。

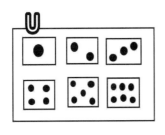

投擲一個骰子時所有可能的情形有 6 種。

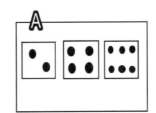

發生事件 A 的情形有 3 種。

因此，出現偶數點之事件 A 的機率是 $P = \dfrac{3}{6} = \dfrac{1}{2}$。很簡單吧！
我們可以如下定義機率。

$P = \dfrac{\text{事件 } A \text{ 發生時的個數}}{\text{所有可能情形的個數}}$　　(1)

（註）所有可能情形皆同樣可靠，亦即以相等機率發生。

如果話題再發展下去，有關各種事件的機率會在相同的式子中出現，因此，必須區別各種發生的機率。經常利用的記號是 *P(A)*，這意指以下事項：

$$P(A) = \text{事件 } A \text{ 發生的機率}\quad(2)$$

綜合 (1)、(2) 式可以用下方的集合形象加以表現。亦即，「可能發生的所有情形」之集合 U 的面積，除以「對象的現象發生情形 A」之集合的面積，即為機率。

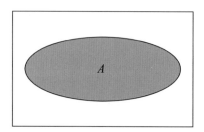

（註）在機率論中此 U 稱為樣本空間。

二、聯合機率

今投擲骰子，偶數點出現的事件以 A 表示，3 的倍數點出現的事件以 B 表示。A、B 同時發生之機率如下表示：

$$P(A \cap B)$$

其中 ∩ 是集合的記號，這就是「聯合機率」（Joint probability）。此聯合機率寫成 $P(A \cap B)$ 也行，更簡單地寫成 $P(A, B)$ 也行。以上面所整理的集合形象來表現時，聯合機率 $P(A \cap B)$ 或 $P(A, B)$ 可以如下表現：

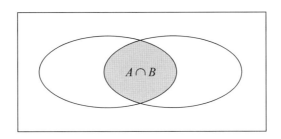

三、邊際機率

聯合機率以 $P(A \cap B)$ 表示，若只看原先的 A 發生機率 $P(A)$ 或 B 發生機率 $P(B)$，稱為「邊際機率」（Marginal probability）。

譬如，以某公司的從業員為對象，詢問「喜歡啤酒嗎？」之結果，分為（喜歡、普通、討厭）三類，以比率來說如下表所示：

	啤酒的喜好			
	喜歡	普通	討厭	合計
男	0.3	0.2	0.1	0.6
女	0.2	0.1	0.1	0.4
合計	0.5	0.3	0.2	1

此時，A 當作「一位男性被取出」的事件，B 當作「喜歡啤酒的人被取出」的事件，則

$$P(A) = 0.3 + 0.2 + 0.1 = 0.6 \quad P(B) = 0.3 + 0.2 = 0.5$$

$P(A)$、$P(B)$ 之值標示在「合計」欄，記在表的周邊，因此稱為邊際機率。

四、「條件機率」的想法

貝氏定理是由「條件機率」（Conditional probability）的想法所產生。

一般在某事件 A 已發生之條件下，另一個事件 B 發生的機率稱爲：在 A 的條件下發生 B 的條件機率，以記號 $P(B \mid A)$ 表示。附帶一提，也有將 $P(B \mid A)$ 寫成 $P_A(B)$ 的情形。如能記住 $P(A \cap B)$ 是聯合機率，$P(B \mid A)$ 是條件機率，學習起來會更順暢。

由於條件機率 $P(B \mid A)$ 是「在 A 之下發生 B 的機率」，可以用式子如下表示：

$$P(B \mid A) = \frac{P(A \cap B)}{P(A)} \quad P(A) \neq 0 \quad (3)$$

亦即，$P(B \mid A)$ 是將事件 A 想成全體時的事件 B 發生的機率。

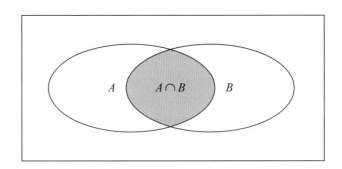

> **例 2.1** 某飛機航班的乘客之中，60% 是美國人，42% 是美國男性。若從美國人之中選出 1 人，試求此人爲男性之機率。

解

設 A 爲「選出 1 人時，爲美國人」的事件，B 爲「選出 1 人時，爲男性」的事件。此時，「從美國人之中選出 1 人時，他爲男性」之機率寫成 $P(B \mid A)$。試代入條件機率的公式 (3) 看看。

$$P(B \mid A) = \frac{P(A \cap B)}{P(A)} = \frac{\frac{42}{100}}{\frac{60}{100}} = \frac{42}{60} = \frac{7}{10} = 0.7 \text{（答）}$$

此例子從機率的定義 (1) 求解也許較為簡單。假定有 100 位乘客，美國人有 60 人，美國男性有 42 人，由機率的定義 (1)，所求出的機率即為如下：

$$P = \frac{42}{60} = 0.7$$

五、乘法定理

在 (3) 式的兩邊乘上 $P(A)$ 時，即可導出下式，此即為乘法定理。

$$P(A \cap B) = P(B \mid A) \cdot P(A) \quad (4)$$

後述的貝氏統計的基本公式是以調整過的乘法定理所得出。

例 2.2　100 張福籤之中有 10 張中獎福籤，分別由 a 君、b 君依序抽取。此時，試求 a 君抽中福籤，b 君也抽中福籤的機率。但被抽中的福籤不可放回。

解

將 A 當作「a 君抽中福籤」之事件，將 B 當作「b 君抽中福籤」之事件，由於要求的機率是 $P(A \cap B)$，可由乘法定理解題

$$P(A \cap B) = P(B \mid A) \cdot P(A) = \frac{9}{99} \times \frac{10}{100} = \frac{1}{110} \text{（答）}$$

2.2　機率變數與機率分配

　　我們將資料擺在眼前，為了進行統計分析，首先必須建立統計模式才行，此時無論如何所需的知識是機率變數與機率分配。試就其意義思考看看。

一、機率變數

　　以機率的方式決定值的變數稱為機率變數。

　　譬如，投擲一顆骰子時，出現之點數 X 是從 1 到 6 的任一個整數。如果是「出現 3 點的機率」時，可以說是 $\frac{1}{6}$，只要投擲不結束，是出現 1 呢？或是出現 3 呢？其值是不得而知的。表示此骰子出現點數的變數即為「機率變數」。

二、機率分配與其平均值、變異數

　　對應機率變數之值，所發生之機率值已知時，它的對應稱為「機率分配」。此對應如表示成表時，此表稱為機率分配表。

　　以例子來說，當投擲一顆骰子時，出現點數 X 的機率分配表即為如下：

機率變數 X	機率
1	1/6
2	1/6
3	1/6
4	1/6
5	1/6
6	1/6

　　考慮機率現象時，可以想到的是其平均值（也稱為期待值）與變異數。

　　譬如，當投擲一顆骰子時，出現點數 X 的平均值 μ，從先前的表可以如下求出：

平均值 $\mu = 1 \times \dfrac{1}{6} + 2 \times \dfrac{1}{6} + \cdots + 6 \times \dfrac{1}{6} = \dfrac{21}{6} = 3.5$

另外，出現點數 X 偏離平均值多少，表示此程度的指標是變異數、標準差。譬如，當投擲一顆骰子時，試求出現點數 X 的變異數 σ^2，標準差 σ。

變異數 $\sigma^2 = (1-3.5)^2 \times \dfrac{1}{6} + (2-3.5)^2 \times \dfrac{1}{6} + \cdots + (6-3.5)^2 \times \dfrac{1}{6} = \dfrac{35}{12} \cong 2.9$

標準差 $\sigma = \sqrt{\dfrac{35}{12}} \cong 1.7$

一般而言，機率變數 X 的機率分配表假定如下設定。此時，它的平均值、變異數、標準差可以如下公式化。這些都是今後常會用到的公式，要牢記於心。

機率變數	機率
x_1	P_1
x_2	P_2
…	…
x_n	P_n

（注）本書將機率變數的代表值（亦即母數），以希臘字母表示，如機率變數的平均數以 μ、標準差以 σ、變異數以 σ^2 表示。

平均值：$\mu = x_1 p_1 + x_2 p_2 + \cdots + x_n p_n \cdots (1)$

變異數：$\sigma^2 = (x_1 - \mu)^2 p_1 + (x_2 - \mu)^2 p_2 + \cdots + (x_n - \mu)^2 p_n \cdots (2)$

標準差：$\sigma = \sqrt{\sigma^2}$

三、連續的機率變數與機率密度函數

機率變數如果是骰子的點數時，可以作成表來表示機率分配。可是，像人的身高或產品的重量、各種經濟指數等，收集連續之值的機率變數情形是不可能作成表的。

表現此種連續型機率變數的機率分配是機率密度函數。此函數如設為 $f(x)$ 時，

機率變數 X 之值取至 $a \leq X \leq b$ 之值的機率，可以用下圖斜線部分的面積表示。

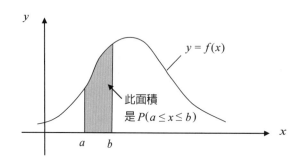

四、連續型機率變數的平均值與變異數

　　連續型機率變數之情形，無法單純地如先前的 (1)、(2) 式那樣將平均值或變異數以和的方式表現。此即可以利用機率密度函數 $f(x)$，如下以積分來表現。

$$平均值：\mu = \int xf(x)dx \cdots (3)$$
$$變異數：\sigma^2 = \int (x-\mu)^2 f(x)dx \cdots (4)$$
$$標準差：\sigma = \sqrt{\sigma^2}$$

　　積分範圍是機率密度函數所定義的所有範圍。

〈**Memo**〉貝氏統計中的積分

　　貝氏統計所處理的機率密度函數是非常複雜的，許多時候無法簡單求得上述 (3)、(4) 式的積分之值。因此，出現的是「自然共軛分配的利用」與「MCMC」兩種技術。關於此二者會在第 4～6 章中詳細說明。

2.3 　有名的機率分配

　　前節中說明了以機率的方式決定值的變數，稱為機率變數。並且，對應機率

變數之值，發生的機率值已知時，它的對應稱爲機率分配。

實際上，分析所設定的資料時，必須假定「該數據是依據何種機率分配所產生的」。

但是，作爲假定所使用的機率分配的種類，並不算太多。此處，擬介紹在貝氏統計中經常加以使用的機率分配有哪些。實際上，對於如何將它用在貝式統計中，則在第 2 章以後會介紹。

此外，各自的機率分配均含有母數（Parameter）。二項分配的 p，常態分配的 μ、σ^2 都是母數，第 3 章以後，會以它們爲學習目標。

一、二項分配

二項分配是隨時可以體驗的機率分配。譬如，投擲骰子 20 次，其中點數 1 出現 7 次，試求此機率 p_7 看看。

$$P_7 = {}_{20}C_7 \left(\frac{1}{6}\right)^7 \left(1-\frac{1}{6}\right)^{20-7}$$

點數 1 出現次數的分配即爲二項分配。

另外，投擲硬幣 10 次，其中正面出現次數的分配也是二項分配。

以求後述概似（Likehood）的機率分配來說，在貝氏統計中經常加以使用。

二項分配一般可以如下表現：

在一次的試行中，某事件 A 發生的機率是 P。重覆此試行 n 次，事件 A 發生 k 次的機率即爲

$$_nC_k P^k (1-P)^{n-k} \cdots (1)$$

機率變數 X 取 X = k 之值的機率，當以此 (1) 式表示時，此機率分配稱爲二項分配。

此分配的平均值 μ 與變異數 σ^2 可以如下表示：

$$\mu = np \text{，} \sigma^2 = np(1 - p)$$

順便一提，(1) 式所表示的二項分配以記號 $B(n, p)$ 表示。

試著表示 n 是 20 時的二項分配圖形看看。二項分配是以常態分配為近似，此事可以加以查證。

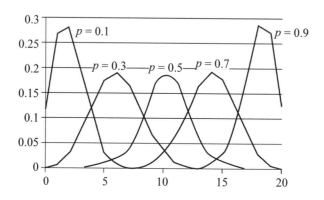

二、常態分配

與二項分配一樣，不，甚至比它更常使用的是常態分配。

常態分配在誤差介於其間時可以使用。舉例來說，試想想由飲料工廠出貨的瓶裝容量，儘管寫著「容量 500ml」，但嚴格來說並未含有 500ml，一般多多少少會有變異，此變異的分配即為常態分配。

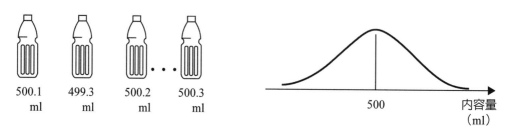

常態分配一般可以如下記述：

機率密度函數以如下的函數所表示的分配稱為常態分配，以 $N(\mu, \sigma^2)$ 表示。

$$f(x) = \frac{1}{\sqrt{2\pi}\sigma} e^{-\frac{(x-\mu)^2}{2\sigma^2}}$$

此時，平均值是 μ，變異數是 σ^2。

另外，π 是圓周率，e 是 Napier 的數字，$\pi = 3.14159\cdots$，$e = 2.71828\cdots$。

常態分配的圖形是左右對稱的美麗鐘型。與過去的統計學一樣，常態分配在貝氏統計中也相當活躍。

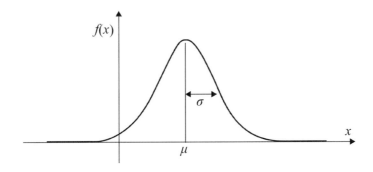

〈Memo〉中央極限定理

為了調查，假定收集幾組相同個數的樣本（$n > 30$），按各組樣本求出平均值，這些平均值的分配即為常態分配。這就是中央極限定理，是近代統計中最重要的定理之一。

三、均一分配

在單純的統計模式中所使用的是均一分配。

譬如，試想想輪盤博奕（roulette）。球的大小是十分理想的情形，轉動輪盤時，球會在圓周上的何處停止是未知的。反過來說，在圓周上的任何一點，球停止的機率是相等的（下圖），此種機率分配即為均一分配。

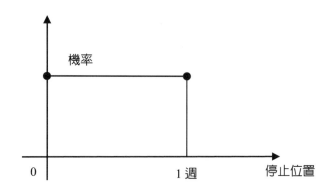

　　均一分配可以如下所述。在貝氏統計中，經常將均一分配當作事前分配加以利用。

機率密度函數 $f(x)$ 如以下取一定值之分配稱為均勻分配，以 $U(a, b)$ 表示。

$$f(x) = \begin{cases} k \text{（一定）} & (\, a \leq x \leq b \,) \\ 0 & (\, x < a \ \text{或} \ b < x \,) \end{cases}$$

此時，平均值 μ 與變異數 σ^2 如下表示：

$$\mu = \frac{a+b}{2} \,, \ \sigma^2 = \frac{(b-a)^2}{12}$$

　　此處，k 是從機率的總合成為 1 的條件（規格化的條件）所決定。

　　均一分配表示成圖形時，即成為如下的水平直線。

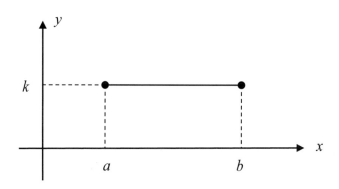

均一分配的圖形，常數 k 是基於機率的總和成為 1 的條件所決定。

四、貝他分配

　　貝他分配（Beta）在貝氏統計中經常當作事前分配、事後分配加以利用。在貝氏統計中，被用於事前分配、事後分配的機率函數，主要獲關注的是形狀，實際上被問到該分配的意義是很少的，這會在第 2 章以後說明，試著觀察此分配的形狀與性質。

機率密度函數 $f(x)$ 如下所示的分配稱爲貝他分配，以 $\beta e(p, q)$ 表示：

$$f(x) = kx^{p-1}(1-x)^{q-1} \quad （k \text{ 爲常數，} 0 < x < 1，0 < p，0 < q）$$

此時，平均值 μ 與變異數 σ^2 如下表示：

$$\mu = \frac{p}{p+q}，\sigma^2 = \frac{pq}{(p+q)^2(p+q+1)}$$

　　此處，常數 k 是由其機率的總和成爲 1 的條件所決定。

　　要注意的是，均一分配可以想成是貝他分配的特殊情形，亦即 $\beta e(1, 1)$。此性質往後經常加以利用，因此記住爲宜。

五、卜氏分配

　　卜氏分配（Poisson）是用以說明像交通事故此種稀有現象的機率分配。

　　卜氏分配是如下的分配。

有關變數 x 的分配函數如下所表示的分配，稱爲卜氏分配：

$$f(x) = \frac{e^{-\theta}\theta^x}{x!} \quad （其中，x \text{ 是 } 0, 1, 2, \cdots；\theta > 0）$$

卜氏分配的平均值 μ 與變異數 σ^2 相等，可以如下表示：

$$\mu = \theta，\sigma^2 = \theta$$

譬如，某都市 1 日的交通事故死亡人數，在 3 日間分別爲 1、2、3 人，此發生的機率是將 1、2、3 代入上面公式的變數 *x* 之中，分別如下表記：

$$\frac{e^{-\theta}\theta^1}{1!} \text{,} \frac{e^{-\theta}\theta^2}{2!} \text{,} \frac{e^{-\theta}\theta^3}{3!}$$

此處，θ 是此分配的母數。

六、伽馬分配

伽馬分配（Gamma）在貝氏統計中經常當作事前分配、事後分配加以利用，如貝它分配之中所説明的那樣，在貝氏統計中，用於事前分配、事後分配的機率函數，主要關注的是它的形狀，實際上被問及此分配的意義是很少的。請看伽馬分配的形狀與性質。

機率密度函數 *f(x)* 如下所表示的函數，稱爲伽馬分配，以 $G\alpha(\alpha, \lambda)$ 表示：

$$f(x) = kx^{\alpha-1}e^{-\lambda x} \quad (0 < x \text{,} 0 < \lambda \text{,} k \text{ 爲常數})$$

此伽馬分配的平均值 μ，變異數即爲如下

$$\mu = \frac{\alpha}{\lambda} \text{,} \sigma^2 = \frac{\alpha}{\lambda^2}$$

分配函數中所含的常數 *k* 是由其機率之總和成爲 1 所決定。試表示 $\alpha = 1$，$\lambda = 2$ 以及 $\alpha = 3$，$\lambda = 2$ 時的伽馬分配圖形。

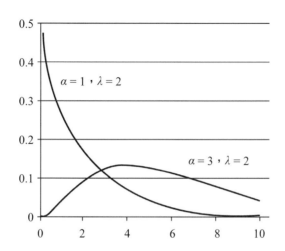

七、逆伽馬分配

　　逆伽馬分配也是經常被用來當作貝氏統計的事前分配、事後分配的一種分配函數。與貝他分配及伽馬分配一樣，在貝氏統計中主要獲得關注的是形狀，實際也甚少問及其分配的意義。

　　逆伽馬分配即爲如下的分配：

機率密度函數 $f(x)$ 以如下的函數所表示的分配，稱爲逆伽馬分配，以 $IG(\alpha, \lambda)$ 表示：

$$f(x) = kx^{-\alpha-1}e^{-\frac{\lambda}{x}} \ (0 < x，0 < \lambda)$$

此逆伽馬分配的平均值 μ，變異數 σ^2 如下所示：

$$\mu = \frac{\lambda}{\alpha-1} \ (\alpha > 1) \ ，\sigma^2 = \frac{\lambda^2}{(\alpha-1)^2(\alpha-2)} \ (\alpha > 2)$$

　　分配函數中所含的常數 k 可從機率的總和爲 1 的條件（規格化的條件）所決定。

　　$\alpha = 1$，$\lambda = 1$ 以及 $\alpha = 1$，$\lambda = 2$ 時的逆伽馬分配的圖形如下所示：

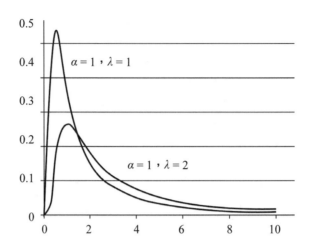

〈**Memo**〉規格化的條件

　　成為機率變數的分配函數，需要幾個條件。譬如，由於機率不成為負，
經常要成為 0 以上的條件。另一個更強的條件是要有使機率的總和為 1 的條
件，稱此為規格化的條件。

2.4 　概似函數與最大概似估計法

　　對於統計資料來說，我們是建立統計模式進行分析，而模式一般是帶有母數
的，統計學的一大目標是決定該母數，以最簡單的決定法來說，代表性的方法是
最大概似估計法。順便一提，「最大概似」是指「最合適」之意，最大概似估計
法即為「最合適之值的估計法」。

一、以例子思考看看

　　此處假定有一個硬幣。此硬幣「出現正面的機率是 P」。

　　試以最大概似估計法估計 P。試投 5 次。於是，出現

正，正，反，正，反

此現象的發生機率，如將「P＝正面出現機率」時，即可如下表現。

$$P \times P \times (1-P) \times P \times (1-P) = P^3(1-P)^2 \cdots (1)$$

稱此為概似函數，以 $L(P)$ 表示。

最大概似估計法是當概似函數 $L(P)$ 之值成為最大時，認為硬幣的正面出現機率即可實現。因此，試著將概似函數 $L(P)$ 表示成圖形看看。從圖形可知，當 $P = 0.6$ 時，知此現象最容易發生。

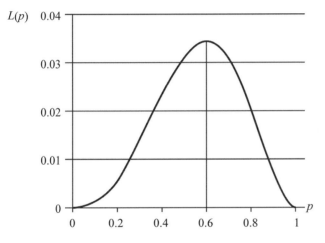

$P = 0.6$ 時，概似函數 $L(P)$ 為最大。數學上 0.6 之值可以利用微分求出。

這是求 $L(P)$ 函數的最大值問題，這樣一來，硬幣表面出現的機率 P 被估計是 0.6，這是最大概似估計法的想法。

$$P = 0.6 \cdots (2)$$

如前頁那樣，當有包含母數（此處是機率 P）的概似函數時，使此函數 $L(P)$ 能有最大值而去決定母數的方法，稱為最大概似估計法，因此所得到的母數之值稱為最大概似估計值。本例中，$P = 0.6$ 為最大概似估計值。

二、對數概似

在統計分析中應用的函數，有許多是像 (1) 式那樣形成指數或乘積的形式。看了前節所表示的有名分配函數就可以理解了。

指數或積的計算如利用對數是很方便的，因為積可以變換成和。試調查 (1) 式的概似函數 $L(P)$ 的對數看看。

$$\log L(P) = \log P^3(1 - P)^2 = 3\log P + 2\log(1 - P) \cdots (3)$$

指數或積的形式被變換成和。

對此概似函數取成對數後的函數，稱為對數概似函數。難得的是，由對數概似函數所得到的最大概似估計值，與由原先的概似函數所得到的最大概似估計值是一致的。正因為有此性質，所以「對數概似函數」被視為貴重寶物。

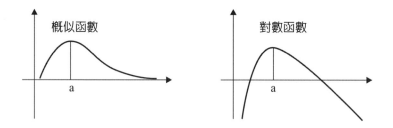

三、利用 Excel 求最大概似估計值

如利用 Excel 時，最大概度估計值即可簡單求出。因為可以使用「工具列」內的分析工具。在本書第 7 章的「經驗貝氏法」中也可利用。

下圖是對 (1) 式，以工具列求出最大值的結果。可以確認在 (2) 式所表示的 $P = 0.6$ 時，概似函數成為最大值。

C4			f_x	=B4^3*(1-B4)^2	
	A	B	C	D	E	F
1		概似L(p)=p³(1-p)²				
2						
3		p	L(p)			
4		0.6	0.03456			
5						
6						

下圖是為了得到此結果有關工具列的設定。

註：按新增後會出現如下的對話框，輸入數據後按確定，即表示於限制式中。

第3章　貝氏定理與其應用

本章從貝氏統計的出發點「貝氏定理（Bayes's theorem）」進行調查。雖然是簡單的定理，但取決於解釋的方式也可以在各種領域中加以應用。

3.1　何謂貝氏定理

一、條件機率與乘法定理

貝氏定理是從「某事件 A 已發生」之「條件機率」的想法中產生的。關於條件機率已在前章說明過，再略微複習一下吧！

在某事件 A 已發生的條件下事件 B 發生的機率，稱為在 A 之下發生 B 的條件機率。記號是 $P(B\,|\,A)$ 表示，或 $P_A(B)$ 表示。

前章已說明過此條件機率可以如下表示。

$$P(B\,|\,A)=\frac{P(A\cap B)}{P(A)}\cdots (1)$$

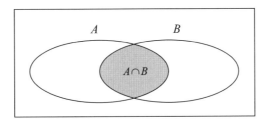

$P(B\,|\,A)$ 可以想成將事件 A 看成全體（亦即樣本空間）時，事件 B 發生的機率，因此可以表示成 $A\cap B$ 占 A 的比例。

例 3.1　右表是表示某地域的 7 月 9 日與 7 月 10 日的晴雨關係（陰天分類在晴天）。當 7 月 9 日晴天時，試求翌日的 10 日仍為晴天的機率。

		10 日		計
		晴	雨	
9 日	晴	0.36	0.21	0.57
	雨	0.16	0.27	0.43
計		0.52	0.48	1

　　觀看上表，「9 日晴天」「10 日晴天」是 0.36，所以「0.36（答）」當然是不行的。畢竟是求「9 日晴天」時的條件機率，因此至少比 0.36 大是可以明白的。在先前的公式 (1) 中，相當於 A 的是「7 月 9 日晴天」，相當於 B 的是「7 月 10 日晴天」。今想求的機率是 $P(B \mid A)$，由上表知，

$$P(A) = 0.57，P(A \cap B) = 0.36$$

將此代入 (1) 式，

$$P(B \mid A) = \frac{P(A \cap B)}{P(A)} = \frac{0.36}{0.57} \cong 0.63 \text{（答）}$$

　　如在條件機率的 (1) 式的兩邊乘上 $P(A)$ 時，即得出以下的乘法定理，此也在前章說明過。

$$P(A \cap B) = P(B \mid A)P(A) \cdots (2)$$

此形式即連接到以下要說明的貝氏定理。

二、簡單的貝氏定理

　　貝氏定理只是將乘法定理 (2) 式變形的簡單定理，由 (2) 式，

$$P(A \cap B) = P(B \mid A)P(A)$$

如讓 B 擔負起 A 的角色時，

$$P(A \cap B) = P(A \mid B)P(B)$$

此兩個式子，左邊 $P(A \cap B)$ 相同，因此

$$P(A \mid B)P(B) = P(B \mid A)P(A)$$

就 $P(A \mid B)$ 求解時，可得出下式。此即爲貝氏定理。

$$P(A \mid B) = \frac{P(B \mid A)P(A)}{P(B)} \cdots (3)$$

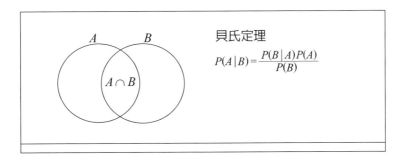

三、逆機率、原因的機率、事前機率、事後機率

　　貝氏定理的 (3) 式，是讓機率 $P(A \mid B)$ 與 $P(B \mid A)$ 相對應。A, B 的功能相反。基於此意，將 $P(A \mid B)$ 稱爲 $P(B \mid A)$ 的「逆機率」。

貝氏定理

$$P(A \mid B) = \frac{P(B \mid A)P(A)}{P(B)}$$

變換

$P(A \mid B)$

$P(B \mid A)$

(*B* 發生時 *A* 的機率)　　　　　　　　　（*A* 發生時 *B* 的機率）

實際的應用中，很多時候是將 (3) 式的 *A* 想成原因，*B* 想成結果。$P(A \mid B)$ 是表示當結果 *B* 得到時，其原因是 *A* 的機率。因此，$P(A \mid B)$ 也稱為「原因的機率」。

將 (3) 式的 *A* 想成原因，*B* 想成結果時，$P(A)$ 是結果 *B* 發生前的機率，$P(A \mid B)$ 是 *B* 發生後的機率。因此，$P(A)$ 稱為「事前機率」，$P(A \mid B)$ 稱為「事後機率」。

取決於 (3) 式的解釋，$P(A \mid B)$ 依狀況改變名稱，有稱為逆機率、原因的機率、事後機率等。學習貝氏定理時，這是最初感到困惑的事項之一，所以請留意。

四、貝氏定理的確認

試以具體例子確認貝氏定理的意義。

例 3.2　箱中有 3 張卡片 e, f, g。卡片 e 是兩面白，卡片 f 是單面白、單面黑，卡片 g 是兩面黑。從箱中隨機抽出 1 張卡片放在桌上。當取出的卡片上面是白時，試問該卡片是 f 的機率是多少？

首先，為了熟悉貝氏定理所出現的記號，試使用機率的記號表現看看。

卡片 e 被取出之事件以 E 表示，卡片 f 被取出之事件以 F 表示，卡片 g 被取出之事件以 G 表示。另外，取出的卡片上面是白的事件以 W 表示。問題是「取出的卡片上面是白」時，它是「卡片 f」的機率。那麼，想求的答案利用條件機率的記號，可以如下表現：

$$P(F \mid W) \cdots (4)$$

試求解此問題看看。

為了加深理解，以 2 種方法求解看看。一是使用機率定義，另一則是使用貝氏定理。

解1　使用機率定義求解

「取出的卡片上面是白」時，即為下圖的①，②，③三種（卡片 e 的上方加上「正」與「反」的文字，是為了區別正反的白所致）。

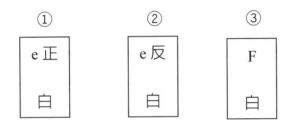

①～③的 3 種上面均為白，但「下面是黑」只有③的一種。因此由機率的定義：

$$P(F|W) = \frac{1}{3} \text{（答）}$$

解2　使用貝氏定理求解

(3) 式之中的 *A*, *B*，與 (4) 式相比較，是對應 *F*, *W*。亦即，此問題中的貝氏定理，可以如下表現：

$$P(F|W) = \frac{P(W|F)\,P(F)}{P(W)} \cdots (5)$$

分母的 *P(W)* 是「取出的卡片上面是白」的機率。由下圖來看，「取出的卡片上面是白」，是從有同樣可能的①～⑥之中選出一者之後，再由①～③之中選出一者的情形。

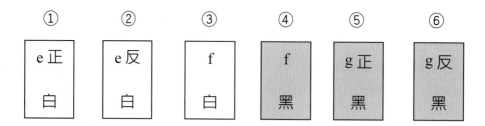

由以上知

$$P(W) = \frac{3}{6} = \frac{1}{2} = 0.5 \cdots (6)$$

(5) 式的分子 $P(F)$ 是從 3 張卡片中「卡片 f 被取出」的機率，所以

$$P(F) = \frac{1}{3} \cdots (7)$$

(5) 式的分子 $P(W|F)$ 是「卡片 f 被取出時，它是白」的機率，假定正反的機率相同，

$$P(W|F) = \frac{1}{2} = 0.5 \cdots (8)$$

將 (6)～(8) 代入貝氏定理 (5)。

$$P(F|W) = \frac{P(W|F)P(F)}{P(W)} = \frac{0.5 \times \frac{1}{3}}{0.5} = \frac{1}{3} \ （答）$$

當然，與使用機率的定義所求得之答案〔解 1〕是一致的。「貝氏定理」是什麼樣的定理，比較此兩解，想必可以看出。

順便一提，選擇卡片是顏色的「原因」，顏色是其「結果」。由於是由「結果」的顏色求解選擇「原因」的卡片的機率，因此所得到的解答稱爲「原因的機率」是名副其實的用語。

3.2　貝氏定理的變形

想必已了解前節貝氏定理的用法，想法略為有些麻煩。是否能使之更形式化呢？為了作為貝氏統計的應用，將先前的貝氏定理，略微地變形看看。

$$P(A \mid B) = \frac{P(B \mid A)P(A)}{P(B)} \cdots (1)$$

一、由基本定理向發展型變形

為了容易變形，將事件 A 當作 A_1，將 (1) 如下表現。

$$P(A \mid B) = \frac{P(B \mid A_1)P(A_1)}{P(B)} \cdots (2)$$

事件 B 假定是屬於 A_1, A_2, A_3 合計三個事件之中的任一者。並且，假定 A_1, A_2, A_3 並無共同部分（亦即互斥）。

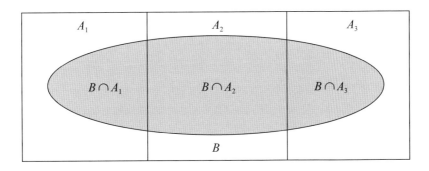

此時，機率 $P(B)$ 是以如下 3 個和來表現：

$$P(B) = P(B \cap A_1) + P(B \cap A_2) + P(B \cap A_3)$$

右邊的各項利用乘法定理，可以如下變形：

$$P(B) = P(B \mid A_1)P(A_1) + P(B \mid A_2)P(A_2) + P(B \mid A_3)P(A_3)$$

將此代入 (2) 式，

$$p(A_1|B) = \frac{P(B|A_1)P(A_1)}{P(B|A_1)P(A_1) + P(B|A_2)P(A_2) + P(B|A_3)P(A_3)} \cdots (3)$$

此即為貝氏定理的變形。使用此式，即可更公式化的求解先前的例題。

二、試求解例題看看

試以前節所調查的例題，查証 (3) 式的意義看看。

3 張卡片 e, f, g 被取出的事件分別當作 E, F, G，上方是白時當作 W，此與前節例題中的解說相同。

例 3.3　箱中有 3 張卡片 e, f, g。卡片 e 是雙面白，卡片 f 是單面白、單面黑，
卡片 g 是雙面黑。今由箱中的 3 張卡片隨機取出 1 張置於桌面上。
當取出的卡片上面是白色時，問卡片是 f 的機率是多少？

解

取出的卡片上方是白（亦即 W）時，有 3 種情形，亦即可以想到有卡片 e, f, g 的 3 種情形（亦即 E, F, G）。其中卡片 g 是雙面均黑。

如利用 (3) 式時，

$$p(F|W) = \frac{P(W|F)P(F)}{P(W|E)P(E) + P(W|F)P(F) + P(W|G)P(G)} \cdots (4)$$

此處，

$$P(W \mid E) = \text{「當卡片 e 被取出時，它為白的機率」} = 1$$

$$P(W \mid F) = \text{「當卡片 f 被取出時，它為白的機率」} = \frac{1}{2}$$

$$P(W \mid G) = \text{「當卡片 g 被取出時，它為白的機率」} = 0$$

另外，P(E), P(F), P(G) 是從 3 張卡片 e, f, g 取出 1 張的機率，所以

$$P(E) = P(F) = P(G) = \frac{1}{3}$$

將這些代入 (4) 式。

$$P(F \mid W) = \frac{\frac{1}{2} \times \frac{1}{3}}{1 \times \frac{1}{3} + \frac{1}{2} \times \frac{1}{3} + 0 \times \frac{1}{3}} = \frac{1}{3}$$

理所當然，與前節的結果一致。此處請確認利用公式 (3) 時，組合 $P(W \mid E)$, $P(W \mid F)$, $P(W \mid G)$, $P(E)$, $P(F)$, $P(G)$ 之後，即可合乎形式地求出機率。

3.3　壺子的問題

本章的以下部分，為了熟悉貝氏定理，介紹有名的壺子問題，請由此去習慣貝氏統計。

例 **3.4** 有 2 個壺子 a, b。a 壺有 3 個紅球，2 個白球；b 壺有 2 個紅球，4 個
白球。a 壺與 b 壺被選的比率是 1：2。設從任一壺取出 1 個球時，
它為紅球。試求此紅球由 a 壺選出的機率。

解

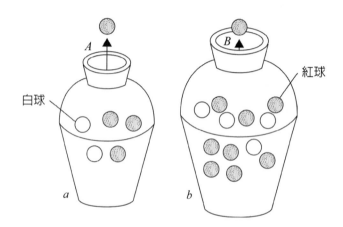

A：由 a 壺取出球

B：由 b 壺取出球

R：由壺取出的球是紅球

所要求出的機率以 $P(A \mid R)$ 表示。於是，從貝氏定理的變形公式（前節的 (3)
式），

$$p(A \mid R) = \frac{P(R \mid A)P(A)}{P(R \mid A)P(A) + P(R \mid B)P(B)} \cdots (1)$$

由於「a 壺與 b 壺被選出的比率是 1：2，所以 $P(A) = \frac{1}{3}$，$P(B) = \frac{2}{3}$ 並且，

$P(R \mid A) = $「當球由 a 壺取出時，它為紅球的機率」$= \frac{3}{5}$

$P(R \mid B) = $「當球由 b 壺取出時，它為紅球的機率」$= \frac{8}{12}$

將以上的結果代入 (1) 式。

$$p\,(A\,|\,R)=\frac{\dfrac{3}{5}\times\dfrac{1}{3}}{\dfrac{3}{5}\times\dfrac{1}{3}+\dfrac{8}{12}\times\dfrac{2}{3}}=\frac{9}{29}\;\;（答）$$

簡單地求出解了。那麼試求解以下類似的問題。

此次，a 壺與 b 壺並未提供被選出的機率，如果是您，您要如何應對呢？

例 3.5　有 2 個由外表無法區分的壺 a, b。a 壺有白球 1 個，紅球 3 個；b 壺有白球 2 個，紅球 1 個。設從任一個壺取出 1 個球，它為紅球。試求此紅球由 a 壺取出的機率。

解

與（例 1）一樣，事件 A, B, R 如下定義。

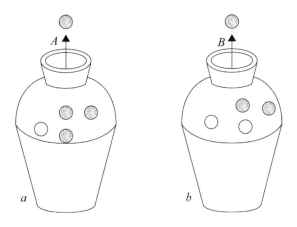

A：由 a 壺取出球

B：由 b 壺取出球

R：由壺取出的球是紅球

所要求出的機率是 $P(A\,|\,R)$，從貝氏定理的變形公式（前節的 (3) 式），

$$P\,(A\,|\,R)=\frac{P(R\,|\,A)P(A)}{P(R\,|\,A)P(A)+P(R\,|\,B)P(B)}\;\cdots(2)$$

a , b 壺被選出的機率並未提供。假定的前提是，「任一壺被選的機率是相等的」，因此，

$$P(A) = P(B) = \frac{1}{2} \cdots (3)$$

另外 $P(R \mid A) = \frac{3}{4}$，$P(R \mid B) = \frac{2}{4}$，將以上的結果代入 (2) 式。

$$p\,(A \mid R) = \frac{\frac{3}{4} \times \frac{1}{2}}{\frac{3}{4} \times \frac{1}{2} + \frac{2}{4} \times \frac{1}{2}} = \frac{3}{5} = 0.6\ （答）$$

此處重要的是 (3) 式。問題中並未告知，故將壺被選出的機率隨意地想成各 $\frac{1}{2}$。數學上無法查證 (3) 式，但由題意來想，a, b 壺哪一個優先並無必然性。因此，只能想成「任一壺被選出的機率相等」。

此想法稱為「理由不充分原則」。正因為有這樣的融通點，這正是貝氏定理的優點，被評估是可以應對現實的問題。

3.4　從大學的入學考試問題挑戰貝氏統計

接著，列舉與貝氏定理有關的經典問題。此次，試著由大學入學考試的問題中選出。首先是從大學聯招的問題開始。

> 例3.6　5次有1次忘了帶帽子回家的 K 君，於正月依序到 A, B, C 這 3 家去拜年，回家時發覺忘了帶回帽子。試求在第 2 家 B 忘了帶回帽子之機率。

1. 將例 3.6 以「機率的定義」求解看看

首先，不使用貝氏定理，以機率的定義求解看看。如此一來，可以對後面將會調查的貝氏定理加深理解。

為了使話題簡單，K 君以具體次數來說，假定拜年 1000 次。

「不會有拜年 1000 次的！」

請不要對此感到生氣！畢竟這是假想的話題。

由題意知，在第 1 家 A 忘記帽子的機率是 $\frac{1}{5}$，因此 1000 次中，有 200 次（＝ $1000 \times \frac{1}{5}$）忘記帽子，再前往第 2 家 B；剩下的 800 次是未忘記帽子，再前往第 2 家 B。

再由題意，在第 2 家 B 忘記帽子的機率是 $\frac{1}{5}$，因此剩餘的 800 次中有 160 次（＝ $800 \times \frac{1}{5}$）忘記帽子，再前往第 3 家 C；剩餘的 640 次是未忘記帽子，再前往第 3 家 C。

再由題意，在第 3 家 C 忘記帽子的機率是 $\frac{1}{5}$，因此未忘記帽子到 C 的 640 次中，有 128 次（＝ $640 \times \frac{1}{5}$）是忘記帽子回家，剩下的 512 次是未忘記帽子回家。

結果，得知 1000 次中 488 次忘記帽子回家。

問題是「發覺忘記帽子時，在 B 家忘記的機率」，所以由以上結果，所求的機率是

$$\frac{\text{在 } B \text{ 家忘記的次數}}{\text{忘記帽子的次數}} = \frac{160}{488} = \frac{20}{61} \text{（答）}$$

2. 以「貝氏定理」求解例 3.6

那麼，試以貝氏定理求解相同的問題。首先，事件 A, B, C, F 如下定義。

A：到 A 家時是帶著帽子

B：到 B 家時是帶著帽子

C：到 C 家時是帶著帽子

F：在家時忘記帽子

想要求的機率是 $P(B \mid F)$，由貝氏定理的變形公式，即為

$$p\,(B \mid F) = \frac{P(F \mid B)P(B)}{P(F \mid A)P(A) + P(F \mid B)P(B) + P(F \mid C)P(C)} \cdots (1)$$

K 君是以 5 次有 1 次的比例忘記帽子，所以

$$P(F \mid A) = P(F \mid B) = P(F \mid C) = \frac{1}{5}$$

並且，到達 A 家時是帶著帽子，因此 $P(A) = 1$

到了 B 家帶著帽子之機率 $P(B)$，因為在 A 家未忘記，所以是

$$P(B) = 1 - \frac{1}{5} = \frac{4}{5}$$

到了 C 家帶著帽子的機率 $P(C)$，因為在 A，B 家均未忘記，因此

$$P(C) = \left(1 - \frac{1}{5}\right)^2 = \left(\frac{4}{5}\right)^2$$

將以上代入 (1) 式，

$$P\,(B \mid F) = \frac{\dfrac{1}{5} \times \dfrac{4}{5}}{\dfrac{1}{5} \times 1 + \dfrac{1}{5} \times \dfrac{4}{5} + \dfrac{1}{5} \times \left(\dfrac{4}{5}\right)^2} = \frac{20}{61} \quad （答）$$

答案當然與利用機率的基本求解的結果一樣。

以下的例題試來自日本旭川醫科大學的入學試題。此問題作爲介紹貝氏定理是非常有名的問題。

例 3.7　有關發現某病情的檢查法，得知以下事項：

- 對患病的人，應用 T 時，有 98% 的機率可以正確診斷出病情。
- 對未患病的人，應用 T 時，有 5% 的機率誤診病情。
- 由所有人所構成的母體中，患病的人與未患病的人的比例是 3%、97%。

由母體隨機抽出 1 人，應用 T 時被診斷出患病，試求此人眞正患病的機率。

---

1. 以「機率的定義」求解例 3.7

與例 3.6 同樣，首先不使用貝氏定理，以機率的定義求解看看。

爲了使話題更具體，母體設爲 10000 人。那麼由題意的條件可以得出如下的人數：

未患病的人數 = 10000×0.97 = 9700 人

患病的人數 = 10000×0.03 = 300 人

未患病卻被診斷患病的人數 = 9700×0.05 = 485 人

患病仍被診斷出患病的人數 = 300×0.98 = 294 人

被診斷出患病的人數 = 485 + 294 = 779 人

因此，應用 T 在「被診斷出患病」的人之中，實際上該人患病的機率，由機率的定義得出：

$$\frac{\text{患病仍被診斷出患病的人數}}{\text{被診斷患病的人數}} = \frac{294}{779} \approx 38\%\text{（答）}$$

2. 以「貝氏定理」求解

試以貝氏定理求解看看。首先，如下定義 $A, B, \overline{A}$。亦即，由母體隨機抽出 1 人時，

A：該人患病

B：該人被診斷出患病

$\overline{A}$：該人未患病

如利用記號 $A, B, \overline{A}$，想要求的機率是 $P(A \mid B)$。如應用本章第 2 節貝氏定理的變形公式時，

$$P(A \mid B) = \frac{P(B \mid A)P(A)}{P(B \mid A)P(A) + P(B \mid \overline{A})P(\overline{A})} \cdots (2)$$

A	$\overline{A}$
患病	未患病
被診斷患病	
$B \cap A$	$B \cap \overline{A}$
3%	97%

接著，由題意

$P(A) = 3\% = 0.03$

$P(\overline{A}) = 97\% = 0.97$

$P(B \mid A) = 98\% = 0.98$

$P(B \mid \overline{A}) = 5\% = 0.05$

將以上的結果代入 (2) 式時

$$P(A \mid B) = \frac{P(B \mid A)P(A)}{P(B \mid A)P(A) + P(B \mid \overline{A})P(\overline{A})} \cdots (2)$$

$$= \frac{0.98 \times 0.03}{0.98 \times 0.03 + 0.05 \times 0.97} = \frac{294}{779} \ (=38\%) \ (\text{答})$$

　　與例 1 的情形一樣，使用貝氏定理所得出的解答與使用「機率的定義」所求得的解是一致的。

　　以檢查法 T 即使被診斷出患病，實際上也是患病的機率約 38%。

　　機率出乎意料地很小。「患病的人有 98% 的機率被診斷出「患病」」這句話，被診斷出「患病」的人會感到悲嘆不已，可是此 38% 的數值並非那麼確定性的機率。

　　貝氏定理可以利用在解明人類感性的誤解與詭論，被用在社會學、經濟學、心理學的理由即在於此。

3.5　犯人 A 得救的機率是否提升？

　　此處，介紹與貝氏定理有關的有名迷題「詭論」（Paradox）。

一、三犯人的問題

　　有「三犯人的問題」此種詭論。試以貝氏定理解明此問題看看。

　　此問題有種種的變形，列舉如下比較容易了解的版本。

例 3.8　有 3 位死刑犯 A, B, C。只有一人隨機地被特赦。看守員知道誰被特赦，但犯人不知道。因此，犯人 A 向看守員請託：「因為 B 與 C 之中有一位要處決，儘管被告知哪一位要處決，對我而言仍未提供任何資訊吧！可以告知是哪一位嗎？」。認為「那也對」的看守員即告知「犯人 B 要被處決」。犯人 A 喜不自勝：「最初自己有救的機率是 $\frac{1}{3}$。可是，得救的是自己與 C 中的任一位，因此得救的機率變成 $\frac{1}{2}$」。且說，此 A 的計算是否正確呢？

假定，看守員未說謊，且犯人 B, C 均被處決時，試各以 $\frac{1}{2}$ 的機率，說出其中一位的名字。

解

如以下定義記號。

A：A 有救，B：B 有救，C：C 有救

S_A：由看守員告知 A 被處決

S_B：由看守員告知 B 被處決

S_C：由看守員告知 C 被處決

在「由看守員告知 B 被處決」的條件下，想調查 A 得救的機率是否為 $\frac{1}{2}$。
由題意，3 人均以相同機率接受特赦，所以

$$P(A) = P(B) = P(C) = \frac{1}{3}$$

2 人被處決，看守員未說謊，所以

$$P(S_B \mid B) = 0 \text{，} P(S_B \mid C) = 1$$

A 得救時，看守員是以相等機率說出「B 被處決」或「C 被處決」
所以

$$P(S_B \mid A) = P(S_C \mid A) = \frac{1}{2}$$

想要求的機率是 $P(A \mid S_B)$，因此代入本章第 2 節中的貝氏定理 (3) 式

$$P(A \mid S_B) = \frac{P(S_B \mid A)P(A)}{P(S_B \mid A)P(A) + P(S_B \mid B)P(B) + P(S_B \mid C)P(C)}$$

$$= \frac{\frac{1}{2} \times \frac{1}{3}}{\frac{1}{2} \times \frac{1}{3} + 0 \times \frac{1}{3} + 1 \times \frac{1}{3}} = \frac{1}{3}$$

犯人 A 的高興是空歡喜一場。那麼，犯人 A 的計算何處有錯誤呢？那是看守員的發言「犯人 B 被處決」有機率上的任意性所致。實際上，犯人 A 變成特

赦時，對看守員來說當然也可以回答「犯人 C 被處決」。「B 被處決」或「C 被處決」回答的機率各半，亦即 0.5。

實際查證看看。首先，當有「B 被處決」的回答時，試求 A 被特赦的機率看看。

當有「B 被處決」的回答時，A 被特赦的機率 $= \dfrac{2}{3} \times \dfrac{1}{2} \times 0.5 = \dfrac{1}{6}$

最初的 $\dfrac{2}{3}$ 是「B 被處決」的機率，其次的 $\dfrac{1}{2}$ 是「（不是 C）A 被特赦」的機率。接著，最後的 0.5 是「（被處決的 B, C 之中，不是 C）B 是由看守員說出的機率」。同樣，當「C 被處決」的回答時，A 被特赦的機率 $= \dfrac{2}{3} \times \dfrac{1}{2} \times 0.5 = \dfrac{1}{6}$

兩方合計時，即爲 $\dfrac{1}{6} + \dfrac{1}{6} = \dfrac{1}{3}$，可以得出「常識性的機率」$\dfrac{1}{3}$。

二、大廳問題（Monty Hall Problem）

「三犯人的問題」中，即使獲得新資訊，機率也是不變的，那是因爲人無法主體性的行動，但根據新資訊讓自己產生行動時，又是如何呢？

此種問題只有「大廳問題」，試求解以下的問題。

> 例 3.9　有三個門，其中有一個門藏有獎金，回答者選擇一個門，若是猜中有獎金的門時，可以獲得獎金。回答者選擇了一個門（假定將此當作門 A）。於是，知道正解的遊戲出題者說「在剩下的門之中，此門是錯的」，說著打開了錯誤的門（將此當作 C）。此處，回答者是維持門 A 呢？還是變更成選擇剩下的門（將此當作 B）？選擇何者獲得獎金的機率較高呢？

求解前，先確認遊戲的規則，此遊戲是有以下約定作爲前提：

1. 獎金是隨機地放入 3 個門中的其中一者。
2. 出題者知道有獎金的門，回答者最初選出一門時，一定要打開沒有獎金的門。如果兩方都沒有獎金時，以相同機率決定要打開的門。

解

如下定義 A, B。

A：門 A 猜中　　B：門 B 猜中

另外，「門 C 打開」當作 D。想求的是在此 D 之下 A 與 B 發生之機率 $P(A|D)$，$P(B|D)$，代入本章第 2 節的貝氏定理 (3) 式。

$$P(A|D) = \frac{P(D|A)P(A)}{P(D|A)P(A) + P(D|B)P(B)} = \frac{\frac{1}{2} \times \frac{1}{3}}{\frac{1}{2} \times \frac{1}{3} + 1 \times \frac{1}{3}} = \frac{1}{3}$$

$$P(B|D) = \frac{P(D|B)P(B)}{P(D|A)P(A) + P(D|B)P(B)} = \frac{1 \times \frac{1}{3}}{\frac{1}{2} \times \frac{1}{3} + 1 \times \frac{1}{3}} = \frac{2}{3}$$

因此，「變更成門 B」獲得獎金的機率變成一倍。

最初的狀態是任一個門藏有獎金的機率是 $\frac{1}{3}$（下圖左）。在此狀態下，門 A 猜中的機率，以及剩下的門 B, C 中猜中的機率分別是 $\frac{1}{3}$，$\frac{2}{3}$。

其次，雖然打開未猜中的門 C，而剩下的門 B 藏有獎金的機率維持 $\frac{2}{3}$ 不變。因此，改成選擇門 B 較明智之舉。

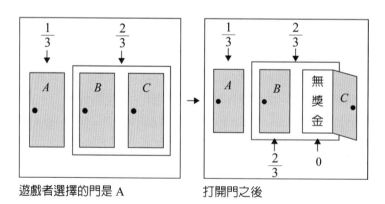

遊戲者選擇的門是 A　　　　打開門之後

3.6　以貝氏過濾網攔截垃圾郵件

此處針對貝氏定理的實際應用，即「貝氏過濾網」（Baysian filter）進行說明。

所謂貝氏過濾網是利用貝氏定理排除不需要的資訊，提高其機率的技法。

此處請看其代表性的應用，「垃圾郵件（Spam mail）」的攔截法。

一、垃圾郵件中所含的用詞

在日文之中有「グラビア」這個專有名詞，常出現在電子郵件當中，許多都是與 18 禁有關的垃圾郵件。

其實「グラビア」正確的意思是「凹版印刷」，因為有奇特的文字效果，衍生出「性感寫真」的含意。相信有許多讀者都曾有過類似經驗，收到不明對像寄來的「美少女辣妹畫像」吧。

可是，基於印刷用語的意義利用「グラビア」的郵件也是有的。因此，要如何判斷含有「グラビア」文字的郵件是否就是垃圾郵件呢？試著用貝氏定理來判斷。

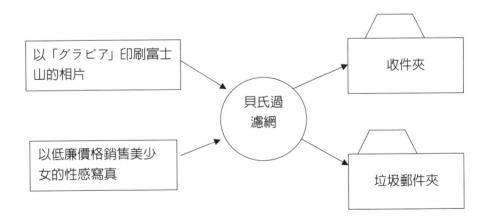

二、首先收集垃圾郵件的資訊

含有「グラビア」文字的郵件是否就是垃圾郵件，為了要建立分類的過濾網，事前準備需要「經驗資料庫」。亦即，調查過去的郵件，先調查含有「グラビア」文字的垃圾郵件數，以及不是垃圾郵件的一般郵件。

假定調查的 100 封郵件，其中 70 封是垃圾郵件，剩下的 30 封是一般郵件。接著，在此 70 封垃圾郵件之中有 40 封含有「グラビア」字樣。另外，30 封的平常郵件之中有 10 封含有「グラビア」字樣。

M 垃圾郵件	N 平常郵件
40 封 含有「グラビア」	10 封 含有「グラビア」
70 封	30 封

三、利用貝氏定理

接下來要利用貝氏定理，但一一以文字記述甚為費事，如下定義記號：

M：收到 1 封郵件時，此郵件是垃圾郵件

N：收到 1 封郵件時，此郵件不是垃圾郵件

G：收到 1 封郵件時，此郵件含有「グラビア」的文字

那麼，當接到含有「グラビア」字樣的 1 封郵件時，試計算它是垃圾郵件的機率 $P(M \mid G)$。

由貝氏定理，

$$P(M \mid G) = \frac{P(G \mid M)P(M)}{P(G)}$$

此處

$$P(G) = \frac{40 + 10}{100} = \frac{50}{100} \text{，} P(M) = \frac{70}{100} \text{，} P(G \mid M) = \frac{40}{70}$$

因此，

$$P(M \mid G) = \frac{\dfrac{40}{70} \times \dfrac{70}{100}}{\dfrac{50}{100}} = \frac{40}{50} = 0.8$$

亦即，含有「グラビア」字樣的郵件，有 8 成是垃圾郵件。

附帶一提，也曾有人統計過網路上流通的郵件，大約 75% 是垃圾郵件。

四、貝氏過濾網的實際情形

　　在貝氏過濾網的例子中，可知含有「グラビア」字樣的郵件之中，有 8 成是垃圾郵件。

　　但除了「グラビア」以外，將垃圾郵件加上有特徵的用語還有很多，因此，對於垃圾郵件加上其他特徵用語，也可用同樣的方法求出與上面相同的機率。當這些聯合機率超過一定之值時，即可將該郵件判定為垃圾郵件，這是利用貝氏過濾網攔截垃圾郵件的原理。

　　如所周知，垃圾郵件的判斷仍有誤判的時候，如下頁所示，平常的郵件有時也會被分發到垃圾郵件，由於是利用機率來判斷，偶爾會判斷失準。刪除全部垃圾郵件之前，不妨略微瀏覽一下，這或許是學習貝氏過濾網體系能帶來的智慧。

（註）下圖是微軟公司的郵件軟體 Outlook，這只是貝氏過濾網的體系，並非判斷垃圾郵件的機制。

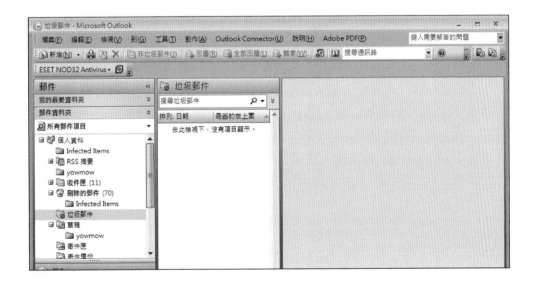

> ## 〈Memo〉逃脫過濾網
> 　　爲了逃脫過濾網，垃圾郵件使出各種「絕招」。譬如，一旦知道「グラビア」的用語被逮到時，送出垃圾郵件的一方，就會如下修飾文字：
> グ・ラ・ビ・ア
> 　　只要這麼做，就可簡單地逃脫過濾網了，眞是道高一尺魔高一丈呀！

3.7　貝氏網路的效用是什麼？

　　以貝氏定理的應用來說，近年來備受矚目的是「貝氏網路」，又稱爲「信念網路」（Belief Network）。

一、何謂貝氏網路

　　貝氏網路是以簡單的圖形表現原因與結果的關係，將機率型現象的推移，表現成圖形。

　　貝氏網路的著名例子非「小偷與警報器」問題莫屬。

　　此即小偷（Burglar）進入建築後，警報器（Alarm）的鈴聲大響，系統通報警察（Police）或保全公司（Security）的機率現象。

　　警報器假定除了小偷侵入外，地震（Earthquake）也會作響。表示此原因與結果的推移圖，如下圖所示。

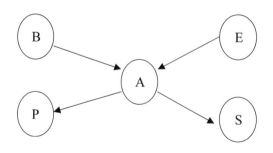

　　圖中的○稱爲節點（Node），其中的字母表示機率變數。譬如，圖中的Ⓑ變數名 B，是指小偷侵入時取值 1，不是時取 0 的機率變數。

對於 Ⓔ，Ⓐ，Ⓢ，Ⓟ 也是一樣。E 是地震的有無，值取 1 與 0；A 是警報器響或不響，值取 1 與 0；S 是通報保全公司之有無，值取 1，0；P 是通報警察之有無，值取 1 與 0 的機率變數。

圖中的箭頭表示原因與結果，亦即因果關係。箭頭的方向是從原因指向結果。箭頭是被附加條件的機率，關於它的含意容下節說明。

此圖中，譬如從 Ⓑ，Ⓔ 向 Ⓐ 畫箭線，將 Ⓑ，Ⓔ 當作 Ⓐ 的母節點，將 Ⓐ 當作是 Ⓑ，Ⓔ 的子節點。

貝氏網路的一大特徵為「馬可夫條件」，此條件是各節點的機率變數的分配，該節點只以母節點的條件機率加以表示。與第 5 章之後將會說明的「馬可夫鏈」（MC）是相同概念。

二、貝氏網路要設定機率

首先，以簡單的例子來說，取出「小偷與警報器」的部分問題，介紹它的計算法。

如先前所述，Ⓐ，Ⓑ，Ⓔ 是機率變數，並無被指向 Ⓑ，Ⓔ 的箭線，因此，無法以計算求解，所以有需要事先設定值。

再加上，箭頭表示因果關係，因此有需要決定關係的機率（亦即條件機率。）整理如下圖：

B	$P(B)$
0	0.999
1	0.001

E	$P(E)$
0	0.498
1	0.002

B	E	$P(A|B,E)$ 0	1
0	0	0.999	0.001
0	1	0.710	0.290
1	0	0.060	0.940
1	1	0.050	0.950

三、貝氏網路的計算範例

準備就緒後，介紹一個典型的計算範例。在「小偷與警報器」的貝氏網路例子中，機率變數 A（警報器作響）假定是 1。此時，試判斷是小偷進入（B = 1）或是地震發生（E = 1）？

因為是機率現象的世界，當然無法明確地判斷是哪一者。因此，計算機率之值後，再判斷它是 B 或 E。亦即，求出 $P(B = 1 | A = 1)$，$P(E = 1 | A = 1)$ 之後再比較。機率之值愈大，愈是可以信賴的資訊。

附帶一提，$P(B = 1 | A = 1)$，$P(E = 1 | A = 1)$ 是條件機率，具有以下意義。

$P(B = 1 | A = 1)$……警報器作響時，小偷進入的機率

$P(E = 1 | A = 1)$……警報器作響時，地震發生的機率

在貝氏網路中，此機率之值稱為「信賴度」（Belief）。

今後為了簡單表記，將 A = 1 的事件以 A 表示；A = 0 的事件以 $\bar{A}$ 表示。

其他的機率變數也是一樣，譬如，E = 1 的事件以 E 表示；E = 0 的事件以 $\bar{E}$ 表示。那麼，試由貝氏定理實際計算機率看看。

$$P(B|A) = \frac{P(A|B)P(B)}{P(A)} = \frac{0.94002 \times 0.001}{0.00252} = 0.37302 = 37\% \cdots (1)$$

$$P(E|A) = \frac{P(A|E)P(E)}{P(A)} = \frac{0.29066 \times 0.002}{0.00252} = 0.23068 = 23\% \cdots (2)$$

此處，分子、分母之中的 0.00252：0.94002：0.29066 是利用以下事項。從貝氏定理（本章第 1 節）得知：

$$P(A) = P(A \cap B \cap E) + P(A \cap \bar{B} \cap E) + P(A \cap B \cap \bar{E}) + P(A \cap \bar{B} \cap \bar{E})$$
$$= P(A|B \cap E)P(B \cap E) + P(A|\bar{B} \cap E)P(\bar{B} \cap E) + P(A|B \cap \bar{E})P(B \cap \bar{E})$$
$$+ P(A|\bar{B} \cap \bar{E})P(\bar{B} \cap \bar{E})$$

算式看起來很複雜，可是計算起來卻很簡單。

$$P(A \mid E) = P(A \mid \bar{B} \cap E)P(\bar{B}) + P(A \mid B \cap E)P(B)$$
$$= 0.290 \times 0.999 + 0.950 \times 0.001 = 0.29066$$

在許多貝氏網路與聯合機率的文獻中，將聯合機率 $P(B \cap E)$ 簡記成 $P(B, E)$，$P(A \cap B \cap E)$ 簡記成 $P(A, B, E)$。

言歸正傳。由 (1)、(2) 式知 $P(B = 1 \mid A = 1)$ 是 37%，$P(E = 1 \mid A = 1)$ 是 23%，因此當警報器作響時，小偷侵入的機率，比地震發生的機率，高出 $\frac{37\%}{23\%} = 1.61$ 倍。

接著，當警報器一作響時，試求小偷侵入而且地震也發生之機率 $P(B \cap E \mid A)$。由貝氏定理得知：

$$P(B \cap E \mid A) = \frac{P(A \mid B \cap E)}{P(A)} = \frac{0.950 \times 0.001 \times 0.002}{0.00252} = 0.075\%$$

小偷侵入與地震同時發生之機率，比 $P(B \mid A)$ 的37%和 $P(E \mid A)$ 的23%小很多。

由此範例可以了解，觀測出幾個節點的機率變數之值後，即可求出未被觀測之節點的機率。利用貝氏網路即可簡單地進行機率的預測與判斷。

四、略微複雜的例子

試思考略微複雜的例子。此次，向保全公司（S）通報時，試求是因為小偷（B）引起的機率 $P(B \mid S)$。

當警報器響起時，是否向保全公司通報的機率分配，假定如下圖所示：

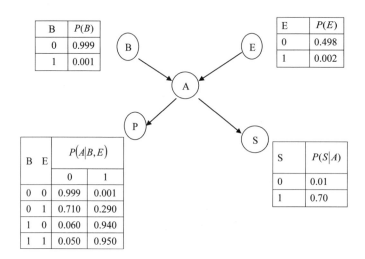

B	P(B)
0	0.999
1	0.001

E	P(E)
0	0.498
1	0.002

B	E	P(A|B,E) 0	1
0	0	0.999	0.001
0	1	0.710	0.290
1	0	0.060	0.940
1	1	0.050	0.950

S	P(S|A)
0	0.01
1	0.70

那麼，試求 $P(B|S)$，由條件機率的定義，可以導出：

$$P(B|S) = \frac{P(B \cap S)}{P(S)} \cdots (3)$$

此處，從先前的計算結果與上圖得知，$P(S|A) = 0.70$，$P(S|\bar{A}) = 0.01$，

$$\begin{aligned}
P(S) &= P(S \cap A) + P(S \cap \bar{A}) \\
&= P(S|A)P(A) + P(S \cap A)P(\bar{A}) \\
&= 0.70 \times 0.00252 + 0.01 \times (1 - 0.00252) = 0.01174 \cdots (4)
\end{aligned}$$

$$\begin{aligned}
P(B \cap S) &= P(B \cap A \cap S) + P(B \cap \bar{A} \cap S) \\
&= P(S|B \cap A)P(B \cap A) + P(S|B \cap \bar{A})P(B \cap \bar{A}) \cdots (5)
\end{aligned}$$

因有馬可夫條件，S 與 B 無關係。因此，

$$P(S|B \cap \bar{A}) = P(S \cap \bar{A}) \text{，} P(S|B \cap \bar{A}) = P(S \cap \bar{A})$$

將此代入 (5) 式。

$$P(B \cap S) = P(S \mid A)P(B \cap A) + P(S \mid \bar{A})P(B \cap \bar{A})$$

因為是表示在圖上的機率表，所以

$$P(B \cap S) = 0.70 \times P(B \cap A) + 0.01 \times P(B \cap \bar{A}) \cdots (6)$$

並且

$$
\begin{aligned}
P(B \cap A) &= P(B \cap E \cap A) + P(B \cap \bar{E} \cap A) \\
&= P(A \mid B \cap E)P(B \cap E) + P(A \mid B \cap \bar{E})P(B \cap \bar{E}) \\
&= 0.950 \times 0.001 \times 0.002 + 0.940 \times 0.001 \times 0.998 = 0.0094 \\
P(B \cap \bar{A}) &= P(B \cap E \cap \bar{A}) + P(B \cap \bar{E} \cap \bar{A}) \\
&= P(\bar{A} \mid B \cap E)P(B \cap E) + P(\bar{A} \mid B \cap \bar{E})P(B \cap \bar{E}) \\
&= 0.050 \times 0.001 \times 0.002 + 0.060 \times 0.001 \times 0.998 = 0.0006
\end{aligned}
$$

將這些結果代入 (6) 式。

$$P(B \cap S) = 0.70 \times 0.00094 + 0.01 \times 0.0006 \cdots (7)$$

將 (4)、(7) 式代入目標 (3) 式，

$$P(B \cap S) = \frac{P(B \cap S)}{P(S)} = \frac{0.00066}{0.01174} = 0.05622 = 5.6\% \ （答）$$

向保全公司通報的事件是小偷入侵的機率，出乎意料的相當小。

這是因為事前機率 $P(B)$ 小的緣故。在本章第 4 節的例 3.7 中也有相同情形。

為了得出解答並未利用貝氏定理，雖然稱為貝氏網路，也不一定只是利用貝氏定理而已。

五、貝氏網路的活躍發展

一路讀下來可以得知，針對想調查的對象建立機率模式（亦即貝氏網路），

當求出某變數之值時，即可求出未觀測的變數的機率分配。

　　社會中的許多現象都是機率型的連鎖現象，這正是可以使用貝氏網路的時機，以「實驗」、「觀測」、「經驗」的方式，就可得出一部分該連鎖現象的資訊。

　　貝氏網路是帶有不確定性現象的科學式解明技術，可應用在認知科學、機械學習、資料採礦、人工染色體解析等等，至今依然在各種領域中活躍著。

第4章　貝氏統計的基本概念

從本章起進入貝氏統計（Bayesian Statistics）的主流，將統計模式中所含的母數引進貝氏定理中。第 4 章是說明貝氏統計的基本概念。請留意貝氏統計中的母數是以機率變數的形式加以處理。

4.1　貝氏統計是簡單的強力工具

前章說明了貝氏定理，這是與以下公式所表示的機率有關的定理（第 3 章第 1 節）。

$$P(A \mid B) = \frac{P(B \mid A)P(A)}{P(B)} \cdots (1)$$

將事件 B 發生時事件 A 發生的機率，以事件 A 發生時事件 B 發生之機率表達，即提示「逆機率」的關係。

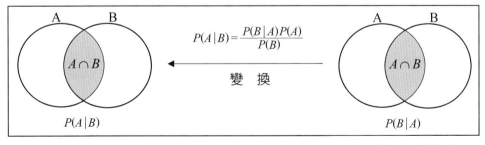

（B 發生時 A 的機率）　　　　　　　　　　　　（A 發生時 B 的機率）

另外，在第 3 章第 3 節的 (3) 式中，由貝氏定理導出了以下的公式。

$$p(A_1 \mid B) = \frac{P(B \mid A_1)P(A_1)}{P(B \mid A_1)P(A_1) + P(B \mid A_2) + P(B \mid A_3) + P(A_3)} \cdots (3)$$

這是事件 B 包含於無共同部分的事件 A_1, A_2, A_3 時所利用。

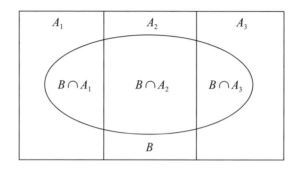

此處再進行變形，導出可用於貝氏統計學的形式。

一、貝氏定理的變形

貝氏定理 (1)、(2) 式，如果 A, B 是表示機率現象的事件時，不管任何時候都可以成立，可是為了將這些貝氏定理應用在統計學，有需要再往前一步，濃縮成更容易使用的形式。具體來說，就是在統計模式中引進要應用的模式。

統計學中應用貝氏定理的第一步，是在 (1) 式中，將 A 解釋成與假定有關的事件，B 解釋成其結果的事件。用另一種說法，就是將 A 解讀為原因，B 解讀為數據。

今後，為了避免冗長，省略「…的事件」此種表達。並且，以往一直利用著 A, B 的字母，但此後則分別利用 H, D 的羅馬字母，這是想要明示 H 表原因（或假定（Hypothesis）），D 表數據（Data）的緣故，像這樣記述，公式中的字母的功能就顯得容易理解。

$$P(A \mid B) = \frac{P(B \mid A)P(A)}{P(B)} \Longrightarrow P(H \mid D) = \frac{P(D \mid H)P(H)}{P(D)}$$

D 表數碼，H 表原因（假定）

於是貝氏定理 (1) 式即可如下表現。

$$P(H \mid D) = \frac{P(D \mid H)P(H)}{P(D)} \cdots (3)$$

這是當數據 D 得到之後，求出成為其原因的假定 H 成立之機率公式（第 2 章）。

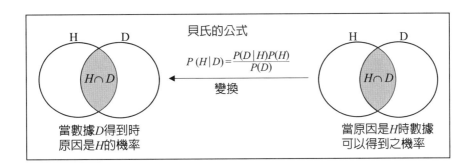

另外，公式 (2) 即可如下一般化。

$$P\left(H_i \mid D\right) = \frac{P(D \mid H_i)P(H_i)}{P(D \mid H_1)P(H_1) + P(D \mid H_2)P(H_2) + \cdots + P(D \mid H_n)P(H_n)} \cdots (4)$$

這是假定有許多 H 時的貝氏公式，此說明數據 D 得到之後，成為其原因的假定 H，是某特定假定 H_i 的機率。

以上的 (3)、(4) 是貝氏統計所要利用之公式的出發點。

二、以例題說明

為了理解貝氏統計的發生點即 (4) 式，試求解以下的例子。

例 4.1　有一個壺子，壺之中有 3 顆球，白與紅的球都有，若從中取出 1 顆球，取到紅球，試求壺中所含紅球之個數的機率分配。

解

壺中球的類型可以想到如下三種情形。

壺 1　　　　　　　　壺 2　　　　　　　　壺 3

紅球 1 顆　　　　　　紅球 2 顆　　　　　　紅球 3 顆

含有 i 個紅球的壺取名為「壺 i」。

此處如下定義記號。

D：由壺中取出 1 顆球時，取到紅球

H_1：由壺 1 取出 1 顆球

H_2：由壺 2 取出 1 顆球

H_3：由壺 3 取出 1 顆球

目標是就所有的 i 求機率 $P(H_i \mid D)$，亦即，當取得數據 D 時，「它是由壺 i 所得者（H_i）」的機率，分別就 i 是 1, 2, 3 的情形求出。

所要求的機率 $P(H_i \mid D)$，利用定理 (4)，可以寫成如下：

$$P(H_i \mid D) = \frac{P(D \mid H_i)P(H_i)}{P(D \mid H_1)P(H_1) + P(D \mid H_2)P(H_2) + P(D \mid H_3)P(H_3)} \cdots (5)$$

作成集合的圖像，即如下圖所示：

那麼，試求 (5) 式中右邊的分子、分母的機率。

右邊的條件機率 $P(D \mid H_i)$（$i = 1, 2, 3$）是「由含有 i 個紅球的壺 i 中，取出 1 顆紅球之機率」，所以可以整理成下表：

壺的記號	壺 1	壺 2	壺 3
記號	$P(D \mid H_1)$	$P(D \mid H_2)$	$P(D \mid H_3)$
機率	$\dfrac{1}{3}$	$\dfrac{2}{3}$	$\dfrac{2}{3}$

其次，求分子與分母中的機率 $P(H_1)$, $P(H_2)$, $P(H_3)$。這些是表示壺 1、壺 2、壺 3 的哪一個壺被選出的機率。這些機率在問題中並未提供，因此，只能解釋成全部都是相同機率（將此決定法的原理稱為理由不充分原則）。

因此，$P(H_1) = P(H_2) = P(H_3) = \dfrac{1}{3}$

（註）關於哪一壺如何選擇，如事前有某種資訊時，即將該機率引進於此。
　　　那是貝式統計的一項優點（第 2 章第 3 節）。

由以上結果，即可求出 (5) 式右邊的各項。

$P(D \mid H_1) \cdot P(H_1) = \dfrac{1}{3} \times \dfrac{1}{3} = \dfrac{1}{9}$，$P(D \mid H_2) \cdot P(H_2) = \dfrac{2}{3} \times \dfrac{1}{3} = \dfrac{2}{9}$

$P(D \mid H_3) \cdot P(H_3) = \dfrac{3}{3} \times \dfrac{1}{3} = \dfrac{3}{9}$，分母 $= \dfrac{1}{9} + \dfrac{2}{9} + \dfrac{3}{9} = \dfrac{2}{3}$

如此一來求目的之 $P(H_i \mid D)$ 已準備就緒，要求出的是壺中含有紅球個數之機率分配 $P(H_i \mid D)$。

$$P(H_1|D) = \frac{\frac{1}{3} \times \frac{1}{3}}{\frac{2}{3}} = \frac{1}{6} \text{，} P(H_2|D) = \frac{\frac{2}{3} \times \frac{1}{3}}{\frac{2}{3}} = \frac{2}{6} = \frac{1}{3}$$

$$P(H_3|D) = \frac{\frac{3}{3} \times \frac{1}{3}}{\frac{2}{3}} = \frac{3}{6} = \frac{1}{2}$$

壺中紅球的個數	1	2	3	4
機率	1/6	1/3	1/2	1

此爲目的之機率分配（答）。

三、概似、事前機率、事後機率

再次看一下此例題中所用的式子 (5)。

$$P(H_i|D) = \frac{P(D|H_i)P(H_i)}{P(D|H_1)P(H_1) + P(D|H_2)P(H_2) + P(D|H_3)P(H_3)} \cdots (5)$$

右邊分子中的 $P(H_i)$ 是「取出球之前，壺 i 被選擇之機率」，因此稱爲事前機率。另外，分母中也有 $P(H_i)$，但這是其他的所有假定相加者，因此並不具有太大的意義。

左邊的 $P(H_i|D)$ 是「紅球被取出之後，它是來自壺 i 的機率」，因此稱爲事後機率（第 2 章第 1 節）。

另外，雖然是首次出現，但右邊分子的 $P(D|H_i)$ 之意義是「當壺 i 被選擇時，由它取出紅球之機率」。

基於此意，將 $P(D|H_i)$ 稱爲假定 H_i 的概似（Likehood）。

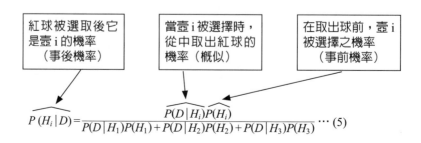

事前機率、事後機率、概似，即使一般情形也照樣成立。不妨用貝氏的公式 (3) 再次確認。

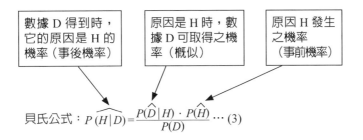

4.2　貝氏統計的基本公式

前節是從貝氏定理的基本型（前節的 (1) 式）開始，改變解釋後導出以下的式子（前節的 (3) 式）。

$$P\,(H\,|\,D) = \frac{P(D\,|\,H) \cdot P(H)}{P(D)} \cdots (3)$$

將 H 解釋成原因（假定（Hypothesis）），D 是從其原因所得到的數據（Data）。

一、母數的引進

統計是估計母數（也稱為參數：Parameter）的重要課題。以母數的例子來說，平均數或變異數是其代表，然而為了分析所給予的資料，它成為建立統計模式架構的重要數值（第 1 章第 3 節）。譬如，常態分配的母數，是平均數 μ 與變異數 σ^2。

$$\text{常態公式：} \frac{1}{\sqrt{2\pi}\,\sigma}\, e^{-\frac{1}{2}\left(\frac{x-\mu}{\sigma}\right)^2} \quad \text{母數}$$

要貝氏定理在統計學中發揮作用，必須作成以母數表示上述公式 (1) 的形式。如果把母數當作 θ 時，應將 (1) 式的假定解讀成「母數取成 θ 之值」。

換言之，將以文章表示的假定重新解釋當作數值的 θ。此時貝氏定理 (1) 即成為如下：

$$P(\theta \mid D) = \frac{P(D \mid \theta) \cdot P(\theta)}{P(D)} \cdots (2)$$

如此一來，即可得出以母數表現貝氏定理的武器了。從結論來說，(1) 式中只是將原因 H 換成母數之值 θ 而已。

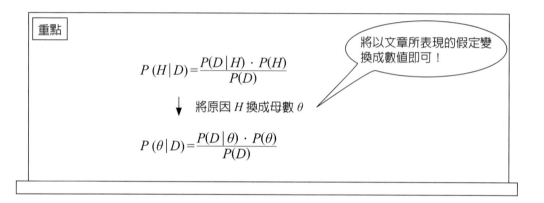

重點

$$P(H \mid D) = \frac{P(D \mid H) \cdot P(H)}{P(D)}$$

↓ 將原因 H 換成母數 θ

$$P(\theta \mid D) = \frac{P(D \mid \theta) \cdot P(\theta)}{P(D)}$$

將以文章所表現的假定變換成數值即可！

二、母數是連續變數時的貝氏定理

然而，(2) 式是母數 θ 取成離散之值作為前提的式子。母數 θ 為連續的機率變數時，要如何變更 (2) 式才好呢？

即使機率變數是連續型，(2) 式的解釋也不變。只是，有需要變更型式。$P(\theta \mid D)$，$P(D \mid \theta)$，$P(\theta)$ 不能解釋成「機率」。連續型的機率變數，「θ 取某值時的機率」是 0 所致。

連續型的機率變數時，有需要將以往的「機率」改讀成「機率密度函數」。因此，對連續型的情形來說，要如下更換記號，將以往的機率改讀為機率分配。

（事前機率）	$P(\theta)$	⟶	（事前分配）	$\pi(\theta)$
（概似）	$P(D\,|\,\theta)$	⟶	（概似）	$f(D\,|\,\theta)$
（事後機率）	$P(\theta\,|\,D)$	⟶	（事後分配）	$\pi(\theta\,|\,D)$

此處，名稱被變更是要注意的地方。前節介紹了事前機率、概似、事後機率的用語，但在連續型的機率變數中將這些事前機率、事後機率，分別稱爲事前分配、事後分配。

（註）事前分配稱為事前機率分配，事後分配作為事後機率分配的文獻也有。使用以上的新用語、新記號時，貝氏的公式 (2) 即可如下表示。

$$\pi(\theta\,|\,D) = \frac{f(D\,|\,\theta)\pi(\theta)}{P(D)} \cdots (3)$$

母數之值如為連續型時，機率改讀為機率密度函數。

$$P(\theta\,|\,D) = \frac{P(D\,|\,\theta)\cdot P(\theta)}{P(D)} \quad\longrightarrow\quad \pi(\theta\,|\,D) = \frac{f(D\,|\,\theta)\pi(\theta)}{P(D)}$$

θ 取離散之值　　　　　　　　θ 取連續之值

此處，再次確認貝氏的公式 (3) 中所用之記號的名稱與意義。

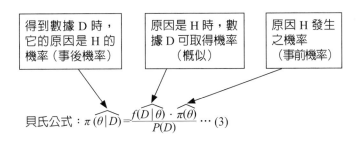

得到數據 D 時，它的原因是 H 的機率（事後機率）　原因是 H 時，數據 D 可取得機率（概似）　原因 H 發生之機率（事前機率）

貝氏公式：$\pi(\theta\,|\,D) = \dfrac{f(D\,|\,\theta)\cdot \pi(\theta)}{P(D)} \cdots (3)$

三、再簡單表現看看

對離散型的機率變數所成立之貝氏定理的 (2) 式，與對連續型的機率變數所成立的貝氏定理 (3) 式，看起來都很複雜。試著再簡單表現看看。

貝氏定理的 (2)、(3) 式的分母 $P(D)$ 是數據 D 所取得的機率。然而，貝氏統計中一般是考察數據 D 被取得後的事情，所以它被想成是常數。因此，(2)、(3) 式即可如下簡單地表現。其中的 K 是不含母數的定數。

$$P(\theta \mid D) = KP(D \mid \theta)P(\theta) \cdots (4)$$
$$\pi(\theta \mid D) = Kf(D \mid \theta)\pi(\theta) \cdots (5)$$

另外，此常數 K 是利用機率的總和成為 1，亦即針對 θ 的全部其和（積分）成為 1 性質。稱此為規格化的條件（第 1 章第 3 節）。

在實際的貝氏統計中，一般是考察母數為連續型的情形。因此，本書只將 (5) 式當作貝氏統計的公式。

(5) 式因有重複使用的時候，每次都明示比例常數 K 甚為麻煩。因此，將上面的 (5) 式如下簡單地表現。

貝氏統計的基本公式

事後分配是與概似和事前分配的乘機成比例。亦即，事後分配 $\pi(\theta \mid D) \propto$ 概似 $f(D \mid \theta) \times$ 事前分配 $\pi(\theta) \cdots (6)$
（註）記號 $\propto$ 是指左邊與右邊成比例。

今後，將此 (6) 式稱為貝氏統計的基本公式。這是成為貝氏統計出發點的重要公式，請務必記住。

貝氏統計的基本公式

事後分配 $\propto$ 概似 $\times$ 事前分配 $\cdots (6)$
$\pi(\theta \mid D) \quad f(D \mid \theta) \quad \pi(\theta)$

　　順便一提，邏輯的流程很明顯，即使 θ 表示複數的母數時，貝氏統計的基本公式 (6) 照樣成立。

四、求解例題看看

　　為了理解「貝氏統計的基本公式」，實際求解問題看看。

例 4.2　為了調查糖果 A 的產品線所製造的產品重量的平均值 μ。取出 3 個產品之後，分別是 99g、100g、101g。由過去的檢查得知，此生產線所製造之產品的重量的變異數是 3。又基於去年的經驗，可以想出平均值 μ 服從平均值 100，變異數 1 的常態分配。此時，試求糖果 A 的重量的平均值的事後分配。

解

　　支撐統計模式之母數是平均值 μ，所取得的數據 D（亦即 99, 100, 101）是服從平均值 μ，變異數 3 的常態分配，因此概似函數 $f(D\,|\,\mu)$ 可以如下表示：

$$\text{概似} = \frac{1}{\sqrt{2\pi \times 3}}\,e^{-\frac{(99-\mu)^2}{2\times 3}}\frac{1}{\sqrt{2\pi \times 3}}\,e^{-\frac{(100-\mu)^2}{2\times 3}}\frac{1}{\sqrt{2\pi \times 3}}\,e^{-\frac{(101-\mu)^2}{2\times 3}}$$

相當於基本公式 (6) 的 θ，即為此處的 μ。

　　又從去年的經驗，母數 μ 的事前分配 $\pi(\mu)$ 可以假定是服從平均值 100、變異數 1 的常態分配，因此

$$\text{事前分配} = \frac{1}{\sqrt{2\pi}}\,e^{-\frac{(\mu-100)^2}{2\times 3}}$$

事後分配 $\pi(\mu\,|\,D)$ 由「貝氏統計的基本公式 (6)」，
事後分配 $\propto$ 概似 $\times$ 事前分配

$$\propto \frac{1}{\sqrt{2\pi \times 3}}\,e^{-\frac{(99-\mu)^2}{2\times 3}}\frac{1}{\sqrt{2\pi \times 3}}\,e^{-\frac{(100-\mu)^2}{2\times 3}}\frac{1}{\sqrt{2\pi \times 3}}\,e^{-\frac{(101-\mu)^2}{2\times 3}}\frac{1}{\sqrt{2\pi}}\,e^{-\frac{(\mu-100)^2}{2\times 3}} \cdots (7)$$

有些麻煩，但一經計算時，即為如下（參下頁的〈Memo〉）。

$$事後分配 \propto e^{-\frac{1}{2 \times \frac{1}{2}}(\mu - 100)^2} \cdots (8)$$

此即表示是平均值 100，變異數 $\frac{1}{2}$ 的常態分配。

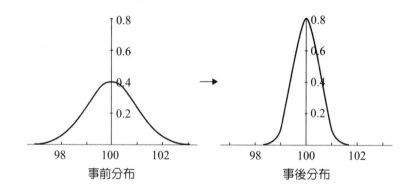

事前分布 　　　　　　　　事後分布

上面的圖形，是將有關平均值 μ 的事前分配與事後分配表示成圖形。平均值 100 的尖峰變得較為真實。因此事前分配所假定的「平均值 100」之「信念」，由此處所得到的 3 個數據 99, 100, 101 得以加深其信念。

〈Memo〉由 (7) 式導出 (8) 式之變形

試由 (7) 式推導 (8) 式看看。

事後分配

$$\propto \frac{1}{\sqrt{2\pi \times 3}} e^{-\frac{(99-\mu)^2}{2 \times 3}} \frac{1}{\sqrt{2\pi \times 3}} e^{-\frac{(100-\mu)^2}{2 \times 3}} \frac{1}{\sqrt{2\pi \times 3}} e^{-\frac{(101-\mu)^2}{2 \times 3}} \frac{1}{\sqrt{2\pi}} e^{-\frac{(\mu-100)^2}{2 \times 3}} \cdots (7)$$

$$\propto e^{\frac{(99-\mu)^2 + (100-\mu)^2 + (101-\mu)^2}{2 \times 3} - \frac{(\omega - 100)^2}{2}}$$

試整理右邊 e 的指數中的分數看看。

$$\frac{1}{2 \times 3}\{(99-\mu)^2 + (100-\mu)^2 + (101-\mu)^2\} - \frac{1}{2}(\mu-100)^2$$

$$= -\frac{1}{2 \times 3}\{6(\mu-100)^2 + 2\}$$

將此式代入上式，如忽略常數部分，即可如下表示：

事後分配 $\propto e^{-\frac{1}{2 \times \frac{1}{2}}(\mu - 100)^2}$

如此得出 (8) 式。

4.3　硬幣問題

前章中推導出貝氏統計的基本公式。

$$\text{事後分配 } \pi(\theta \mid D) \propto \text{概似 } f(D \mid Q) \times \text{事前分配 } \pi(Q) \cdots (1)$$

以下將介紹貝氏統計較具代表性的問題，確認 (1) 式的用法。首先，請看「硬幣問題」。

一、硬幣問題

> **例** 4.3　有 1 枚正面出現的機率是 θ 的硬幣。投擲 4 次硬幣，第一次出現正面，第二次也正面，第三次反面，第四次出現反面。試思考出現正面之機率的事後分配。

上面的貝氏統計的基本公式 (1) 中，成為對象的母數即為「出現正面的機率」。

1. 試調查概似

(1) 式中的概似 $f(D \mid Q)$ 表示「出現正面的機率」Q 之下 D 發生之機率（亦即，條件機率）。由於是考察投擲 1 枚硬幣，因此 D 只有「正」與「反」。如出現「正面」之機率以 $f(\text{正} \mid \theta)$ ，出現反面之機率以 $f(\text{反} \mid \theta)$ 表示時，則在「正面出現機率 θ」之下即為

$$f(\text{正} \mid \theta) = \theta \cdots (2)$$
$$f(\text{反} \mid \theta) = 1 - \theta \cdots (3)$$

2. 理由不充分原則

首先，考察投擲硬幣前，此時的事前分配 $\pi(\theta)$ 要如何設定呢？

現階段中，得不到任何有關硬幣的資訊。因此，對於任一 θ 值來說，此 θ 出現的機率理當同值。亦即，硬幣出現正面之機率，應該形成以下的均一分配。

$$\pi(\theta) = 1 \ （0 \le \theta \le 1） \cdots (4)$$

當機率並無需要取某一值的理由時，所有的可能性均相等，將如此的常識性判斷做成式子。此性質稱為理由不充分原則（本章第 1 節）。

由於是還未投擲硬幣的事前分配，因此將 (4) 式表示成 $\pi_0(\theta)$。

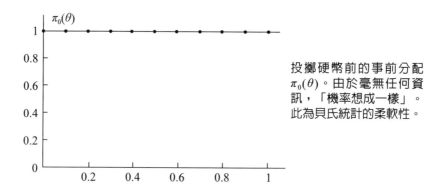

投擲硬幣前的事前分配 $\pi_0(\theta)$。由於毫無任何資訊，「機率想成一樣」。此為貝氏統計的柔軟性。

3. 引進「第 1 次出現正面」的數據

「第 1 次出現正面」的事件當作 D_1。概似是以 (2) 式表示。在貝氏統計的基本公式中，代入概似 (2) 式與事前分配 (4) 式，得出事後分配 $\pi(\theta \mid D_1)$。

第 1 次的事後分配

$$\pi(\theta \mid D_1) \propto \theta \times 1 = \theta$$

比例常數可在機率的總合成為 1 之下求出，其中 $0 \le \theta \le 1$，第 1 次的事後分配 $\pi(\theta \mid D_1) = K\theta = 2\theta$（註）

（註）$1 = \int_0^1 K\theta \, d\theta = \dfrac{k}{2}$, $\therefore k = 2$

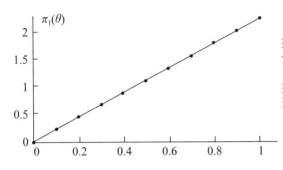

投擲硬幣 1 次後的事後機率分配 $\pi_1(\theta) = \pi(\theta \mid D_1)$。引進「第 1 次出現正面」的數據，如圖那樣更新為正面容易出現的分配。

　　投擲硬幣前的事前分配，由於全然未知，因知正面出現之機率是均一分配 (4) 式，引進「第 1 次出現正面」之資訊（經驗），即更新為正面容易出現的分配 (5) 式。此事後分配 $\pi(\theta \mid D_1)$ 是引進第 1 次的數據之意，表示成 $\pi_1(\theta)$。亦即，

$$\text{第 1 次的事後分配 } \pi_1(\theta) = 2\theta \cdots (6)$$

4. 引進「第 2 次出現正面」之數據

　　「第 2 次是正面」此數據 D_2 的概似，與第 1 次一樣，即為 (2) 式。又，由於是依循第 1 次的結果所出現的事件，因此事前分配即為 (6) 式。貝氏統計的基本公式 (1) 代入 (2)、(6) 式，可得出第 2 次的事後分配 $\pi(\theta \mid D_2)$。

　　第 2 次的事後分配

$$\pi(\theta \mid D_2) \propto \theta \times 2\theta = 2\theta^2$$

以圖形表示時，即為下圖。

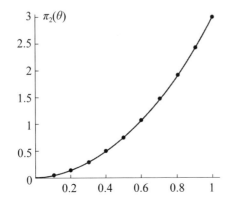

第 2 次投擲硬幣後的事後分配 $\pi_2(\theta) = \pi(\theta \mid D_2)$。引進「第 2 次出現正面」之數據，更新為比第一次更容易出現正面之分配。

此事後分配 $\pi(\theta \mid D_2)$ 是引進第 2 次的數據之意，表示成 $\pi_2(\theta)$。亦即，

$$第 2 次的事後分配 \ \pi_2(\theta) = 3\theta^2 \cdots (7)$$

如以上那樣，每次追加數據，母數 θ 的機率分配即被更新。在認爲「母數是一定」的古典統計學中，是無法想像的想法，此稱爲「貝氏更新」。

5. 引進「第 3 次、第 4 次出現反面」的數據

與第 1 次、第 2 次一樣，引進「第 3 次出現反面」、「第 4 次出現反面」之數據，試求 θ 的機率分配。

在貝氏統計的基本公式 (1) 中，代入概似的 (3) 式與成爲新的事前分配 (7) 式，即可得出引進「第 3 次出現反面」的數據 D_3 的事後分配 $\pi_3(\theta)(= \pi(\theta \mid D_3))$。

$$第 3 次的事後分配 \ \pi_3(\theta) \propto (1 - \theta) \times 3\theta^2$$

$0 \leq \theta \leq 1$ 且在機率的總合成爲 1 的條件下即可求出比例常數。

$$第 3 次的事後分配 \ \pi_3(\theta) = 12(1 - \theta)\theta^2$$

同樣，引進「第 4 次出現反面」的數據 D_4 的事後分配 $\pi_4(\theta)(= \pi(\theta \mid D_4))$ 即可求出如下。

$$第 4 次的事後分配 \ \pi_4(\theta) = 30(1 - \theta)^2\theta^2$$

以圖示表示時，即爲下圖。

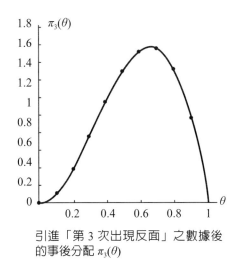

引進「第 3 次出現反面」之數據後
的事後分配 $\pi_3(\theta)$

引進「第 4 次出現反面」之數據後
的事後分配 $\pi_4(\theta)$

二、貝氏估計

　　如果知道機率分配，就可以進行估計。譬如，利用上面所求的事後分配 $\pi_4(\theta)$，試求 θ 的平均值。由右上方的圖形似乎可以知道，$\theta = 0.5$ 即爲平均值。像這樣，由事後分配估計母數即爲貝氏估計。

　　當投擲的硬幣依序是正、正、反、反時，此硬幣正面出現機率 θ 的平均值是 0.5，這可以說是「理所當然」的結果。投擲 4 次出現 2 次正面，所以任誰都會將「正面出現機率」估計爲 0.5。

　　此處想主張的是，此種直覺的估計與貝氏估計是一致的。即使更複雜的情形，貝氏估計也可推導出與我們的經驗與直覺相符合的數值。

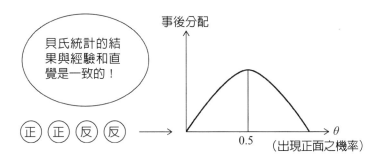

4.4 藥的效用問題

延續前節，介紹貝氏統計的有名例題。此處列舉「藥的效用」問題。

一、藥的效用

> 例 4.4 　爲了調查新藥的效果，抽出 5 位受試者。結果，有 4 人有效，1 人無效。試調查此新藥效用程度的分配。此處效用程度是指對所抽出的 1 人顯示新藥的機率。母體全員有效時是 1，誰都無效時是 0。

在本例中，相當於貝氏統計的基本公式的母數 θ 是「有效的機率」。

1. 調查概似看看

在貝氏統計的基本公式 (1) 中的概似 $f(D \mid \theta)$，是在「有效機率」θ 之下，數據 D（5 位受試者中 4 人有效、1 人無效）發生的機率。從二項分配的想法（第 1 章第 3 節），此可表示如下：

$$概似 f(D \mid \theta) = 5C_4 \theta^4 (1 - \theta) \text{，} (0 \le \theta \le 1) \cdots (2)$$

2. 理由不充分原則

在接受實驗前，並無 θ 的資訊。像「似乎有效，θ 大概比 0.5 大」等的判斷是不允許的。因此，貝氏統計的基本公式(1)的事前分配 $\pi(\theta)$ 只能想成均一分配。

$$事後分配 \pi(\theta) = 常數$$

當沒有理由時，「所有的可能性均相等」之性質稱爲理由不充分原則（相關說明請詳第 3 章第 1 節、第 3 節）。

θ 是表示效用程度之機率，在 0 與 1 之內的數字。因此，從機率的總合爲 1 的條件來看，此「常數」即爲 1。

$$事後分配\ \pi(\theta) = 1，（0 \le \theta \le 1）\cdots (3)$$

3. 求事後分配

將以上代入貝氏統計的基本公式 (1)，試求事後分配 $\pi(\theta \mid D)$。

$$事後分配\ \pi(\theta \mid D) \propto\ {}_5C_4\theta^4(1-\theta) \times 1 \propto \theta^4(1-\theta) \cdots (4)$$

機率的總合是 1，所以比例常數是 30，因此

$$事後分配\ \pi(\theta \mid D) = 30\theta^4(1-\theta) \cdots (5)$$

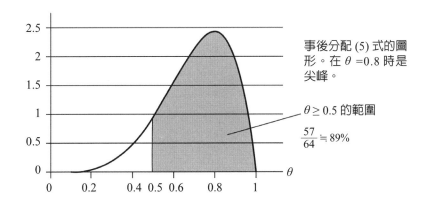

事後分配 (5) 式的圖形。在 $\theta = 0.8$ 時是尖峰。

$\theta \ge 0.5$ 的範圍

$\dfrac{57}{64} \fallingdotseq 89\%$

這是目標的式子，亦即事後分配的形狀。下圖是說明此事後分配的圖形。

4. 試分析看看

5 人中，4 人服用新藥後有效，所以直覺地認爲「此新藥有效」。

從前頁的圖形中明確地顯示此直覺。實際上，表示「藥的效用」θ 是顯示在 $\theta \ge 0.5$ 的範圍中。如計算時，此部分的面積是 $\dfrac{57}{64}$（$\fallingdotseq 89\%$）（參照（注）），機率相當高。從數據 D 來看，可以期待此新藥的有效性。

（註）$\theta \ge 0.5$ 的機率是 $\int_{0.5}^{1} \pi\,(\fallingdotseq \theta \mid D)\,d\theta = \int_{0.5}^{1} 30\theta^4(1-\theta)\,d\theta = \dfrac{57}{64} \fallingdotseq 89\%$

5. 自然共軛分配（**Nature conjugate distribution**）

事後分配 (5) 式，是將概似 (2) 式與事前分配 (3) 式代入貝氏統計的基本公式 (1) 中，從「機率的總合是 1」的條件（規格化的條件）即可求出。

$$事後分配\ \pi(\theta \mid D) = 30\theta^4(1 - \theta) \cdots (5)$$

平均值也從此事後分配利用機分即可簡單計算。

$$平均值 = \int_0^1 \theta\pi\,(\theta \mid D)\,d\theta = 30 \int_0^1 \theta^5(1 - \theta)\,d\theta = \frac{5}{7}\ (6)$$

像這樣，事後分配 (5) 式可以立即求出，平均值也能簡單計算是有理由的。

這是因為事前分配 (3) 式與概似 (2) 式的「性格相投」所致。

再略微一般性的調查看看。事後分配 (5) 式的形狀能夠簡單求出的理由，是因為作為事前分配所採用的均一分配 (3) 式是 Beta 分配 Be(α, β) 的家族成員之一。

此處，所謂 θ 服從 Be(α, β)，是說它的分配具有如下的機率分配 $f(\theta)$（第 1 章第 3 節）。

$$f(\theta) = 常數 \times \theta^{\alpha-1}(1 - \theta)^{\beta-1} \cdots (7)$$

（註）此 Beta 分配的「常數」即為 Beta 函數 B(α, β) 的倒數。

換言之，(3) 式是此 Beta 分配在 $\alpha = 1$，$\beta = 1$ 時的特例。

一般來說，對於由服從二項分配的數據所得到的概似，Beta 分配是最投緣的。實際上，(4) 式之概似與事前分配的 (7) 式之數，即為簡單的指數計算。

並且，所得到的事後分配再度回到 (7) 式的形式。事前分配是 Beta 分配，事後分配仍然是 Beta 分配。

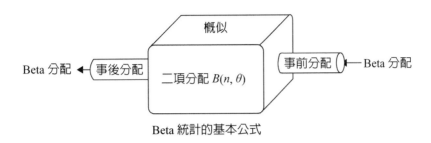

Beta 統計的基本公式

　　像這樣，與概似函數的自然共軛分配。另外，也有稱爲自然共軛的事前分配。

　　貝氏統計中所表示的數式，一般顯得相當複雜。因此，要以表式的方式利落地求解貝氏統計的問題，統計由模式所得到的概似，使用此「自然共軛分配」也是一種解決方法。關於此事，將於下章詳細說明。

〈**Memo**〉貝氏更新

　　如利用貝氏統計式的基本公式時，每當得到數據時，母數的分配即被更新，稱此爲貝氏更新（第 4 章第 3 節）。

　　假定此處有兩組數據 A, B。於此出現如下問題：

　　使用數據 A 進行貝氏更新後，再使用數據 B 進行貝氏更新之結果，與使用數據 B 進行貝氏更新後，再使用數據 A 進行貝氏更新之結果，是否一致的問題。

　　幸運的是，此等結果是一致的，並不會因爲更新的順序而發生改變，稱此爲「逐次合理性」，這是貝氏統計容易處理的理由之一。

第5章　貝氏統計的應用

從本章起進入貝氏統計的應用、發展。本章解說實際計算所需的技法。計算略微繁雜，但因為是貝氏統計必要的內容，請耐心閱讀。

另外，本章為了讓式子簡單，非必要不明記：事前分配（Prior distribution）、概似（Likelihood）、事後分配（Posterior distribution）的函數記號 $\pi(\theta)$，$f(D \mid \theta)$，$\pi(\theta \mid D)$，希望可以使文章的敘述更為流暢。

5.1　貝氏統計與自然共軛分配

一、自然共軛分配？MCMC？

在貝氏統計裡，估計母數等的統計，是利用貝氏統計的基本公式中左邊的事後分配。

$$事後分配 \propto 概似 \times 事前分配 \cdots (1)$$

事後分配是主要角色。

但是，一般來說，從基本公式 (1) 式所得到的事後分配是很複雜的，利用它來計算更累人。譬如，假定概似是二項分配的形式，事前分配是指數分配的形式。

$$概似 = C_r^n \theta^r (1-\theta)^{n-r}，事前分配 = \lambda e^{-\lambda x}$$

母數 θ 平均值的計算即為如下：

$$\theta\,平均值 = \frac{\int_0^1 \theta \times \theta^r (1-\theta)^{n-r} e^{-\lambda\theta} d\theta}{\int_0^1 \theta (1-\theta)^{n-r} e^{-\lambda\theta} d\theta}$$

這會讓人失去想計算的心情！

因此，有以下兩個想法出現：

1. 僅管有些不合理，仍建立起使公式能簡單計算的模式。

2. 僅管計算略微缺乏正確性，仍可照樣處理複雜模式。

從前者的想法中所出現的是自然共軛分配的活用，從後者的想法中所出現的是 MCMC 法的活用。

「自然共軛分配」的活用，在前章的最後曾提及過。這是爲了使事前分配與事後分配成爲相同類型的分配，使概似函數與事前分配配對（Matching）的方法。採用此統計模式，事後分配和統計量的計算，使用公式就可簡單做到。

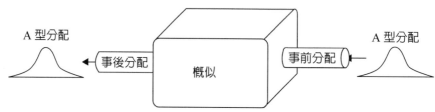

選擇與概似函數有自然共軛分配關係的事前分配
時，事後分配也變成與事前分配相同的類型。

相對地，MCMC 法的活用，允許事後分配的複雜。僅管事後分配較複雜，但取出可擬似其函數的點列，將計算改成此點列之和，強行實施。是對近年來電腦（特別是個人電腦）的發展負起重大任務的一種方法。

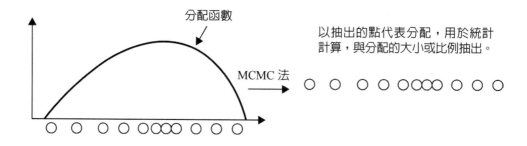

要利用「自然共軛分配」呢？還是「MCMC 法」呢？取決於查明清楚後的狀況。

本章是調查利用前者的「自然共軛分配」方法。如利用自然共軛分配時，使

用公式即可簡單求出事後分配，並且像平均值或變異數等，統計分配中伴隨的統計量也可從公式中得到。

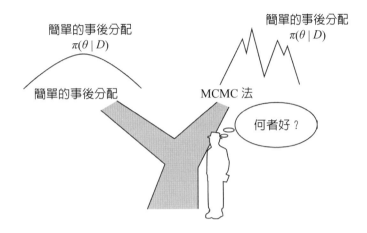

二、自然共軛分配的整理

對於所給予的概似函數來說，自然共軛分配（Natural conjugate distribution）有哪些呢？試著具體整理即為下表，會依序進行個別討論。

事前分配	概似函數	事後分配
Beta 分配	二項分配	Beta 分配
常態分配	常態分配	常態分配
逆 Gamma 分配	常態分配	逆 Gamma 分配
Gamma 分配	卜式分配	Gamma 分配

〈Memo〉機率分配的定義與其中的參數

常態分配與二項分配都是有名的分配，定義式在文獻中不同的情形較少，可是提及 Gamma 分配或逆 Gamma 分配，參數的位置與形式取決於文獻卻有微妙的差異，實際利用時要注意。

5.2 概似服從二項分配時

如上一節所說明的那樣，貝氏統計的基本公式可以如下表示：

$$事後分配 \propto 概似 \times 事前分配 \cdots (1)$$

貝氏統計即為從此事後分配進行各種的計算。

如前節所調查的那樣，統計概似採用自然共軛分配當作事前分配時，事後分配也與事前分配形成同一形式的分配，計算可以簡單執行。

從服從二項分配 $B(n, \theta)$ 的數據所得到的概似來思考看看。此時，自然共軛分配即為 Beta 分配。

一、請看例子

從概似是從服從二項分配的數據得到時的具體例子來思考看看。

事實上，此概念在前章中已有介紹，但思考相同的問題難免會有些無聊，我們來思考新的例子吧！

例 5.1 一對夫妻連續生了 3 胎男孩。試求第 4 胎是男孩的機率分配。從經驗來看，此地區生出男孩的機率 θ 是服從 Beta 分配 Be(2, 2)，並且，從雙親所生的男女性別來說，假設每次的出生是獨立的。

認為「儘管連續生了 3 胎男孩，下一胎的性別是以 1/2 來決定」也是有其道理。畢竟，不斷地只生女孩的家庭也是有的。

那麼要如何求解才好？

1. 求概似看看

假定此夫妻生出男孩的機率是 θ。那麼，連續生出 3 胎男孩的概似，可從二項分配 $B(n, \theta)$ 的分配公式（第 1 章第 3 節）：

$$C_r^n \theta^r (1 - \theta)^{n-r}$$

得出，代入 $n = 3, r = 3$ 得

$$概似函數 = \theta^3 \cdots (2)$$

2. 事前分配當作 Beta 分配時，事後分配也是 Beta 分配

事前分配由題意可以假定 Beta 分配 Be(2, 2)。所謂 Beta 分配 Be(p, q) 是具有以下的機率密度函數的分配（請參照第 2 章第 3 節，以及下一頁的〈Memo〉）。

$$f(x) = kx^{p-1}(1-x)^{q-1} \quad (k \text{ 是常數} \text{，} 0 < x < 1 \text{，} 0 < p \text{，} 0 < q) \cdots (3)$$

從假定得知，代入 $p = 2$、$q = 2$，事前分配即可如下假定：

$$事前分配 = kx^{2-1}(1-x)^{2-1} \quad (k \text{ 為常數}) \cdots (4)$$

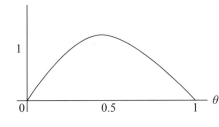

事前分配 $\pi(\theta)$ 的分配函數 Be(2, 2) 的圖形。從生男孩的機率 θ 的分配圖形，知 θ 的平均值是 0.5。

如此，即可求出概似函數 (2) 式與事前分配 (3) 式。作為目的的事後分配，從貝氏統計的基本公式 (1) 即可得出。

$$事後分配 \propto \theta^3 \times k\theta^{2-1}(1-\theta)^{2-1} \propto \theta^{5-1}(1-\theta)^{2-1} \cdots (5)$$

與 (3) 式相比，知 (5) 式與 Beta 分配 Be(5, 2) 一致。比例常數可從機率的總和成為 1 來決定（第 2 章第 3 節）。

$$事後分配 = \frac{1}{30}\theta^{5-1}(1-\theta)^{2-1} \quad (答)$$

　　這是下一胎生男孩的機率分配，試表示此分配的圖形看看。平均值明顯靠右方，即接近 1。因此，生男孩的機率較高，「連續生 3 胎男孩所以下一胎理應生女孩」是沒有道理的，「連續生 3 胎男孩，所以下一胎是男孩」的機率較高。

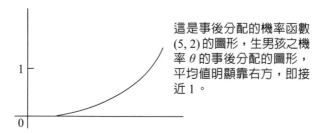

這是事後分配的機率函數 (5, 2) 的圖形，生男孩之機率 θ 的事後分配的圖形，平均值明顯靠右方，即接近 1。

〈Memo〉Beta 分配

如第 2 章第 3 節所說明的那樣，Beta 分配是以如下的函數所表示的分配。

$$f(x) = kx^{p-1}(1-x)^{q-1}$$

（k 是常數，$0 < x < 1$，$0 < p$，$0 < q$，使用 Beta 函數 $\dfrac{1}{B(p,q)}$）

Beta 分配的平均值、變異數及眾數如下表示：

平均值：$\dfrac{p}{p+q}$，變異數：$\dfrac{pq}{(p+q)^2(p+q+1)}$，眾數：$\dfrac{p-1}{(p-1)+(q-1)}$

試對 p、q 的幾個值，畫出圖形看看。

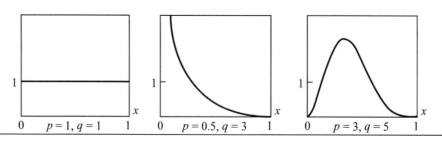

3. 試求母數 θ 的平均值與變異數

如果事前分配是 Beta 分配 (2, 2)，那麼事後分配也會是 Beta 分配 Be(5, 2)。

託此之幸，平均值與變異數即可簡單求出。這是因爲有了出名的 Beta 分配公式。

Beta 分配 Be(p, q) 的平均值，由公式知是 $\dfrac{p}{p+q}$，生男孩的機率 θ 服從事後分配 Be(5, 2)，此 θ 的平均值 $\bar{\theta}$ 即爲如下：

$$\bar{\theta} = \frac{5}{2+5} = \frac{5}{7} \doteqdot 0.71$$

0.71 之值比生男或生女各一半的理論機率 0.5 還大，因爲連續生 3 胎男孩，貝式統計的結果與實際生活的感覺相近似，這就是其了不起的地方。

接著也思考變異數看看。由 Beta 分配的公式來看，事前分配 (4) 式與事後分配 (5) 式的變異數即爲如下：

$$事前分配的變異數 = \frac{1}{20}\ （= 0.05）$$

$$事後分配的變異數 = \frac{5}{195}\ （\doteqdot 0.026）$$

近半的變異數變小，基於生了 3 胎男孩之數據，生男的機率 θ 的搖擺幅度變小，因此，生男孩的「信度」會增加。

4. 由服從二項分配的數據得到自然共軛分配是 Beta 分配

試著將以上的事項一般化。以概似來說，試著思考從服從二項分配 Be(n, θ) 的數據所得到的情形，其中 θ 是母數。亦即，思考以下的式子當成概似的情形。

$$概似 = C^{\,n}_{\,r}\theta^{\,r}(1-\theta)^{\,n-r} \cdots (6)$$

此時，事前分配假定是 Beta 分配 Be(α, β)。

$$\text{事前分配} = k\theta^{\alpha-1}(1-\theta)^{\beta-1}\text{（}k\text{ 爲常數）}\cdots (7)$$

將 (6)、(7) 式代入貝氏統計的基本公式 (1)，於事後分配可以表示成如下：

$$\text{事後分配} \propto \text{概似} \times \text{事前分配}$$
$$= C_r^n\theta^r(1-\theta)^{n-r} \times k\theta^{\alpha-1}(1-\theta)^{\beta-1}$$
$$\propto \theta^{r+\alpha-1}(1-\theta)^{\beta+n-r-1}$$

如此可知事後分配服從 Beta 分配 Be$(\alpha + r, \beta + n - r)$。對於服從二項分配的數據所得到的概似函數來說，得知它的自然共軛分配是 Beta 分配。

因爲是經常利用的定理，將之整理成公式如下表示：

對於由服從二項分配 $B(n, \theta)$ 的數據所得到的概似來說，θ 的事前分配如取成 Be(α, β) 時，事後分配即爲 Be$(\alpha + r, \beta + n - r)$。

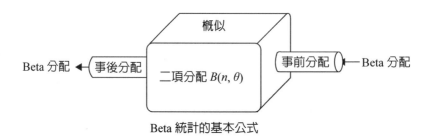

Beta 統計的基本公式

服從二項分配的數據有很多，硬幣的正反或骰子的點數均爲其代表。想將此種數據以貝氏統計分析時，事前分配如取代 Beta 分配時，計算會很輕鬆，因事後分配也是 Beta 分配，有關此 Beta 分配的公式即可使用。

〈Memo〉為何是 Beta 分配？

服從均一分配其值在 0 到 1 之間的隨機變數，將 $p + q - 1$ 依大小順序排列時，從小算起第 p 個隨機變數 X 的分配即為 Beta 分配是眾所皆知的。

但是，貝氏統計不使用此機率性的性質。所使用的只是單純的函數形式。「容易計算」之性質，當作二項分配的特色加以利用。

5.3　概似服從常態分配時（其一）

前節針對由服從二項分配數據所得到的概似，調查了自然共軛分配是 Beta 分配，此處試著調查更重要的常態分配情形。

對於由服從常態分配之數據所得到的常態分配來說，對平均值 μ 的自然共軛分配即為常態分配，試著調查變異數 σ^2 已知之情形。

（註）σ^2 不明時，對 σ^2 也有需要假定的事前分配，此情形將於下節說明。

一、以例子思考看看

> **例 5.2**　從飲料工廠所生產的產品 A 抽取 3 隻寶特瓶（petbottle），重量假定為 100g、102g、104g，產品 A 的重量假定是服從常態分配。並且，此產品 A 的重量的變異數得知是 1。此時，試統計產品 A 的母體平均值 μ 的分配。
>
> 另外，過去的統計，可以得知平均值 μ 的分配平均值是 100，變異數是 1。

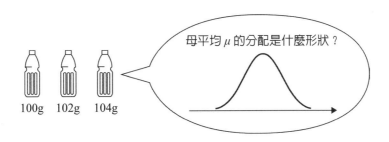

1. 試著調查概似

3個數據100、102、104是服從變異數1的常態分配，因此概似可以如下表示：

$$概似 = \frac{1}{\sqrt{2\pi}}e^{-\frac{(100-\mu)^2}{2}} \cdot \frac{1}{\sqrt{2\pi}}e^{-\frac{(102-\mu)^2}{2}} \cdot \frac{1}{\sqrt{2\pi}}e^{-\frac{(104-\mu)^2}{2}} \cdots (1)$$

2. 事前分配當作常態分配時，事後分配也是常態分配

考察母體平均 μ 之事前分配 $\pi(\mu)$。由題意，平均值是 100，變異數是 1，以分配來說，假定常態分配看看。

$$事前分配 = \frac{1}{\sqrt{2\pi}}e^{-\frac{(\mu-100)^2}{2}} \cdots (2)$$

此處將 (1)、(2) 式代入貝氏統計的基本公式，

$$事後分配 \propto 概度 \times 事前分配$$

並計算看看。

$$事前分配 \propto = \frac{1}{\sqrt{2\pi}}e^{-\frac{(100-\mu)^2}{2}} \cdot \frac{1}{\sqrt{2\pi}}e^{-\frac{(102-\mu)^2}{2}} \cdot \frac{1}{\sqrt{2\pi}}e^{-\frac{(104-\mu)^2}{2}} \cdot \frac{1}{\sqrt{2\pi}}e^{-\frac{(\mu-100)^2}{2}}$$

$$\propto e^{\frac{1}{2\times\frac{1}{4}}(\mu-105)^2}$$

（註）計算的原理參照附錄 B。

如此即可看出事後分配的形狀，形成平均值 101.5，變異數 $\frac{1}{4}$ 的常態分配形狀。可以確認的是，事前分配如果是常態分配，事後分配也是常態分配。

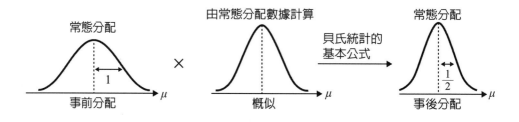

3. 如公式化時

將此結果一般化是很容易的。

（註）詳細的計算參照附錄 B。

以服從平均值 μ、變異數 σ^2 的常態分配 $\mathrm{N}(\mu, \sigma^2)$ 的 n 個數據 $x_1, x_2, \cdots x_n$ 的母數來說，考察平均值 μ。μ 的事前分配是平均值 μ_0，變異數式 σ_0^2 的常態分配時，μ 的事後分配即為常態分配，其平均值 μ_1、變異數 σ_1^2 即為如下：

$$\mu_1 = \frac{\dfrac{n\bar{x}}{\sigma^2} + \dfrac{\mu_0}{\sigma_0^2}}{\dfrac{n}{\sigma^2} + \dfrac{1}{\sigma_0^2}} \ , \ \sigma_1^2 = \frac{1}{\dfrac{n}{\sigma^2} + \dfrac{1}{\sigma_0^2}} \ , \ \text{其中} \ \bar{x} = \frac{x_1 + x_2 + \cdots + x_n}{n}$$

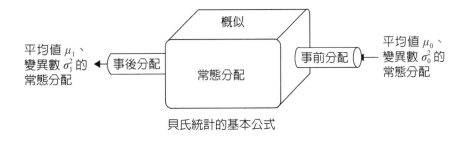

貝氏統計的基本公式

得到新的數據 $x_1, x_2, \cdots x_n$，母數 μ 的平均值與變異數即被更新為如下：

$$\text{平均值：} \mu_0 \rightarrow \mu_1 = \frac{\dfrac{n\bar{x}}{\sigma^2} + \dfrac{\mu_0}{\sigma_0^2}}{\dfrac{n}{\sigma^2} + \dfrac{1}{\sigma_0^2}}$$

$$\text{變異數：} \sigma_0^2 \rightarrow \sigma_1^2 = \frac{1}{\dfrac{n}{\sigma^2} + \dfrac{1}{\sigma_0^2}}$$

應注意的是，此時以下的不等式必須成立。

$$\sigma_0^2 > \sigma_1^2$$

亦即，取得新的數據，顯示母體平均值 μ 的「振幅」變小，「信度」變高。

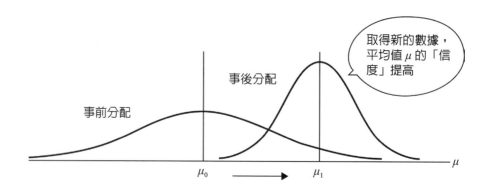

二、以公式求解例題

為了理解這些公式，試思考具體的問題看看。此處以前頁的公式求解第 4 章第 2 節的例題看看。

例 5.3　從糖果 A 的出產線所製造的產品，為了調查其重量的平均值 μ，取出 3 個產品，分別是 99、100、101。由過去的檢查得知，由此生產線所製造之產品的重量其變異數是 3。另外，由去年的經驗可以想像平均值服從平均值 100，變異數 1 的常態分配。
　　此時，試求糖果 A 重量的平均值 μ 的事後分配。

（註）第 4 章第 2 節未使用公式求解。此處，理解所表示的公式後，再次參照第 4 章第 2 節的例題。

解

將先前公式的 n、$\bar{x}$、μ_0、σ_0^2 代入以下之值

$$n = 3 \text{、} \bar{x} = 100 \text{、} \sigma^2 = 3 \text{、} \mu_0 = 100 \text{、} \sigma_0^2 = 1$$

於是，母數 μ 的事後分配的平均值 μ_0、變異數 σ_1^2 成為

$$\mu_1 = \frac{\dfrac{3 \times 100}{3} + \dfrac{100}{1}}{\dfrac{3}{3} + \dfrac{1}{1}} = 100$$

$$\sigma_1^2 = \frac{1}{\dfrac{3}{3} + \dfrac{1}{1}} = \frac{1}{2}$$

因此，事後分配即為常態分配 $N(100, \dfrac{1}{2})$……（答）

5.4　概似函數服從常態分配時（其二）

對於由服從常態分配之數據所得到的概似來說，前節已確認了平均值 μ 的自然共軛分配是常態分配。當時是假定變異數 σ^2 已知。

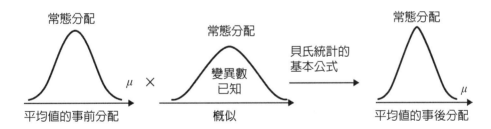

那麼，變異數 σ^2 未確定時，會是如何呢？

變異數 σ^2 未確定時，在貝氏統計中的變異數 σ^2 也是機率變數，必須假定分配才行。

那麼，要假定何種分配才行呢？因此，所出現的是逆 Gamma 分配。對於由服從常態分配的數據所得到的概似函數來說，有關變異數的自然共軛分配是逆 Gamma 分配。

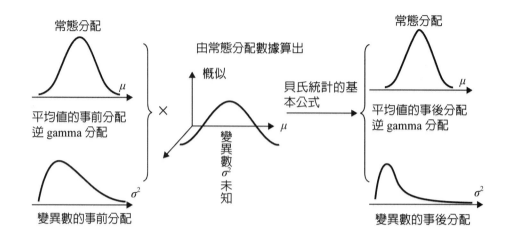

一、以例子思考看看

> **例 5.4**　從飲料工廠所生產的產品 A，取 3 瓶保特瓶，重量假定 100g、
> 102g、104g。此時，試調查產品 A 的母體平均值 μ，變異數 σ^2 的分
> 配。產品 A 的重量可以假定是服從常態分配。
> 　　由過去的經驗，變異數 σ^2 可以假定是服從常態分配平均值 1，變異
> 數 1 的分配。
> 　　並且，可以得知平均值 μ 分配的平均值是 100，其變異數是產品變
> 異數 σ^2 的 $\frac{1}{3}$。

1. 從例題的確認開始

　　此例題出現 3 個機率分配，①產品 A 的重量分配，②該重量平均值的事前
分配，③該重量變異數的事前分配。

　　產品 A 的重量分配已知是常態分配。並且，以平均值的事前分配來說，假
定常態分配也行。因為如前節所調查的那樣，對於由常態分配的數據所得到的概
似函數來說，常態分配即為自然共軛分配的緣故。問題是以變異數的事前分配來
決定要假定什麼才好。

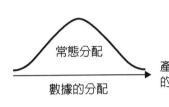

①產品 A 的重量分配
平均值 μ　變異數 σ^2

常態分配

數據的分配

產品 A
的重量

②其重量平均值的事前分配

平均值 100　變異數 $\dfrac{\sigma^2}{3}$

常態分配

平均值的事前分配　μ

③其重量變異數的事前分配
平均值 1　變異數 1

?

變異數的事前分配　σ^2

　　此處出現的是逆 Gamma 分配。對於由服從常態分配的數據所得到的概似函數來說，變異數的事前分配如採用逆 Gamma 分配時，可以確認其成為自然共軛分配。

　　那麼，對於服從常態分配的數據來說，逆 Gamma 分配即為自然共軛分配，試由例子來確認看看。

2. 何謂逆 Gamma 分配

　　所謂逆 Gamma 分配 IG(α, λ) 是機率密度函數 IG(x, α, λ) 可以用下式表示的分配（第 2 章第 3 節）：

$$IG(x,\alpha,\lambda) = kx^{-\alpha-1}e^{-\frac{\lambda}{x}}$$

此處 k 是常數，即為 $\dfrac{\lambda^\alpha}{\Gamma(\alpha)}$（$\Gamma(\alpha)$ 是 Gamma 函數）

試調查此分配的平均值、變異數看看。

平均：$\dfrac{\lambda}{\alpha-1}$（$\alpha > 1$ 時）

變異數：$\dfrac{\lambda^2}{(\alpha-1)^2(\alpha-2)}$（當 $\alpha > 2$ 時）

逆 Gamma 分配的名稱由來，是來自於服從此分配的機率變數 X 的倒數 $\dfrac{1}{X}$ 服從 Gamma 分配（第 2 章第 3 節）。

3. 求概似函數

　　那麼試著求概似函數看看。3 瓶保特瓶的數據 D（即 100、102、104）服從平均值 μ、變異數 σ^2 的常態分配，因此概似可以如下表示：

這是與前節的情形相同的想法。

$$概似 = \frac{1}{\sqrt{2\pi}\sigma} e^{-\frac{(100-\mu)^2}{2\sigma^2}} \cdot \frac{1}{\sqrt{2\pi}\sigma} e^{-\frac{(102-\mu)^2}{2\sigma^2}} \cdot \frac{1}{\sqrt{2\pi}\sigma} e^{-\frac{(104-\mu)^2}{2\sigma^2}}$$

$$= \left(\frac{1}{\sqrt{2\pi}}\right)^3 \left(\frac{1}{\sigma}\right)^3 e^{-\frac{8+3(\mu-102)^2}{2\sigma^2}} \cdots (1)$$

應注意的地方是，此式中含有 2 個機率變數，分別是平均值 μ、變異數 σ^2。

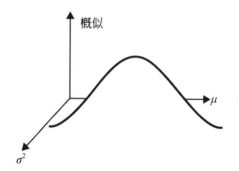

表示概似函數中含有平均值 μ、變異數 σ^2 的兩個變數，以圖表示時，有如從平面突起的圖形。

4. 假定平均值 μ、變異數 σ^2 的事前分配

由題意，變異數 σ^2 分配的平均值是 1，變異數也是 1。因此，以變異數 σ^2 的事前分配來說，試思考平均值 1、變異數 1 的如下分配。

$$\sigma^2 \text{ 的事前分配} = 4\left(\sigma^2\right)^{-4} e^{-\frac{2}{\sigma^2}} \cdots (2)$$

雖然是略為複雜的形式，但此處請稍為忍耐。這是逆 Gamma 分配的緣故，實際上，此事前分配是逆 Gamma IG(α, λ) 的 $\alpha = 3$, $\lambda = 2$ 情形。此逆 Gamma 分配 IG(3, 2) 的平均值、變異數均為 1，由公式即可查證（第 2 章第 3 節）。

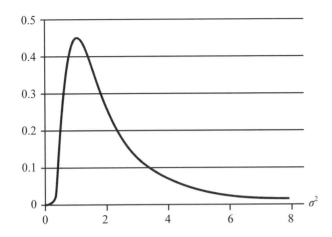

變異數的分配使用 (2) 式的逆 Gamma 分配 IG(3, 2) 的圖形。知平均值、變異數均為 1。

其次，思考平均 μ 的事前分配。如已調查的那樣，由題意，可以假定平均值 100，變異數 $\dfrac{\sigma^2}{3}$ 的常態分配 $N(100, \dfrac{\sigma^2}{3})$。

$$\mu \text{ 的事前分配} = \frac{1}{\sqrt{2\pi \dfrac{\sigma^2}{3}}} e^{-\frac{(\mu-100)^2}{2\left(\frac{\sigma^2}{3}\right)}} \cdots (3)$$

如此準備就緒，在貝氏統計的基本公式中代入 (1)〜(3)，試著計算看看。

$$\text{事後分配} \propto \left(\frac{1}{\sqrt{2\pi}}\right)^3 \left(\frac{1}{\sigma}\right)^3 e^{-\frac{8+3(\mu-102)^2}{2\sigma^2}} \cdot \frac{1}{\sqrt{2\pi \dfrac{\sigma^2}{3}}} e^{-\frac{(\mu=100)^2}{2\left(\frac{\sigma^2}{3}\right)}} \cdot 4\left(\sigma^2\right)^{-4} e^{-\frac{2}{\sigma^2}}$$

$$\propto \left(\sigma^2\right)^{-6} e^{-\frac{9+3(\mu-101)^2}{\sigma^2}} \cdots (4)$$

變得非常美觀，這是事後分配的形式。

（註）(4) 式的推導請參照附錄 C。

5. 試調查事後分配

對概似函數 (1) 式來說，變異數的事前分配是 Gamma 分配 (2) 式，當平均值的事前分配是常態分配 (3) 式時，得知它的事後分配是 (4) 式。

此事後分配的 (4) 式，將 μ 固定來想，只著眼於 σ^2 看看。

$$\sigma^2 \text{ 的事後分配} \propto \left(\sigma^2\right)^{-6} e^{-\frac{9+3(\mu-101)^2}{\sigma^2}} \cdots (4)$$

是否發覺這會形成逆 Gamma 分配呢？

$$IG(x,\alpha,\lambda) = kx^{-\alpha-1}e^{-\frac{\lambda}{x}} \text{（}k\text{ 是常數）} \cdots (5)$$

亦即，關於 σ^2 與逆 Gamma 分配一致，對於由服從常態分配的數據所得到的概似函數來說，有關變異數 σ^2、逆 Gamma 分配是自然的共軛分配可以獲得確認。

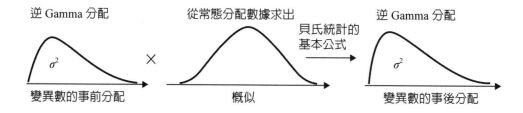

接著，也調查平均值 μ 的事後分配看看，固定 σ^2 來想，只著眼於 μ。

$$\text{平均值} \mu \text{ 的事後分配} \propto e^{-\frac{3(\mu-101)^2}{\sigma^2}}$$

此與常態分配 $N(100, \frac{\sigma^2}{6})$ 一致，從平均值 μ 的事前分配 $N(100, \frac{\sigma^2}{3})$ 可得出事後分配 $N(100, \frac{\sigma^2}{6})$。

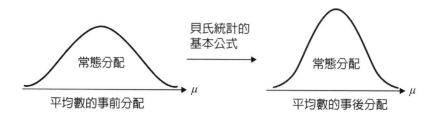

對於從服從常態分配的數據所得到的概似函數來說，關於平均值 μ，前節曾

調查常態分配即是自然的共軛分配，而此處也再次獲得確認。

6. 公式化

同樣，將式子變形，一般可得到以下的公式。

對於服從變異數 σ^2 與平均值 μ 的常態分配的 n 個數據 $x_1, x_2, \cdots x_n$ 來說，它們的變異數 σ^2 與平均值 μ 的事前分配分別設爲

$$\text{逆 Gamma 分配 } IG\left(\frac{n_0}{2}, \frac{n_0 S_0}{2}\right)，\text{常態分配 } N(\mu_0, \frac{\sigma^2}{m_0})$$

事後分配即爲

$$\text{事後分配} \propto \left(\sigma^2\right)^{\frac{n_1+1}{2}-1} e^{-\frac{n_1 S_{1+m_1}(\mu-\mu_1)^2}{2\sigma^2}} \cdots (6)$$

並且，對於 σ^2, μ 的條件事後分配分別是

$$\text{逆 Gamma 分配 } IG\left(\frac{n_1+1}{2}, \frac{n_1 S_1 + m_1(\mu-\mu_1)^2}{2}\right)$$

$$\text{常態分配 } N\left(\mu_1, \frac{\sigma^2}{m_1}\right)$$

此處，$m_1 = m_0 + n$，$n_1 = n_0 + n$

$$n_1 S_1 = n_0 S_0 + Q + \frac{m_0 n}{m_0 + n}\left(\overline{x} - \mu_0\right)^2，\mu_1 = \frac{n\overline{x} + m_0 \mu_0}{m_0 + n}$$

$$Q = (x_1 - \overline{x})^2 + (x_2 - \overline{x})^2 + \cdots + (x_n - \overline{x})^2$$

$\overline{x}$ 是數據的平均值，Q 是數據的數據變動

（註）關於公式的推導，請參照附錄 C。

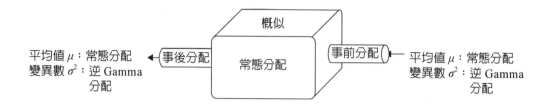

7. 爲何逆 Gamma 分配可以被利用？

　　逆 Gamma 分配爲何可以被利用呢？與本章第 2 節 Beta 分配的情形一樣，公式的外型佳是其理由，逆 Gamma 分配的統計分配性質並非理由。在筆者所見過的文獻中很少談及逆 Gamma 分配的統計性質。亦即，哪一種機率變數服從逆 Gamma 分配呢，似乎未被深入的探討。

〈**Memo**〉以 **Excel** 的 **Gamma** 分配代用逆 Gamma 分配

Excel 並不具備逆 Gamma 分配所需的函數。

在 Excel 的統計函數一欄中並未列入逆 Gamma 分配。

　　因此，利用與 Gamma 分配之關係。亦即，利用服從逆 Gamma 分配的機率變數 X 的倒數，即服從 Gamma 分配。

5.5　概似服從卜式分配時

　　前節曾就概似是由服從常態分配或二項分配的數據得出之情形說明它的自然共軛分配。此處，就概似是由服從卜式分配的數據得出的情形進行說明。

　　卜氏分配在稀有事件的統計處理上是經常應用的分配。譬如，應用在交通事故死亡等的機率分配。

一、以例子思考看看

　　由服從卜式分配的數據所得到的概似自然共軛分配是 Gamma 分配，Gamma 分配 $Ga(\alpha, \lambda)$ 的分配函數 $Ga(x, \alpha, \lambda)$ 可用下式表示：

$$Ga(x, \alpha, \lambda) = kx^{\alpha-1}e^{-\lambda x} \;(\, 0 < x, 0 < \lambda, k \text{ 為常數}\,) \cdots (1)$$

以具體的例子來確認此事看看。

例 5.5　調查了某都市 3 日間的死亡人數，分別是：0 人、1 人、2 人。試由此數據求出 1 日的交通事故死亡人數平均值 θ 的事後分配。

　　附帶一提，去年 1 日的交通事故死亡人數平均是 1 人，標準差也是 1 人。另外，卜式分配利用平均值 θ 如下表示：

$$f(x) = \frac{e^{-\theta}\theta^x}{x!} \;(\theta > 0, x = 1,2,\cdots)$$

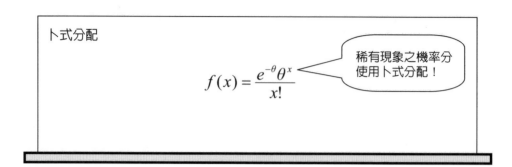

由題意，3 日間的死亡人數分別是：0 人、1 人、2 人，由此數據所得到的概似，從此卜式分配的式子，可以如下求得。

$$概似 = \frac{e^{-\theta}\theta^0}{0!} \cdot \frac{e^{-\theta}\theta^1}{1!} \cdot \frac{e^{-\theta}\theta^2}{2!} \propto e^{-3\theta}\theta^3 \cdots (2)$$

1. 事前分配採用 Gamma 分配

其次，考察事前分配。以事前分配來說，採用自然共軛分配的 Gamma 分配 $Ga(1, 1)$。由 (1) 式即為

$$事前分配 = e^{-\theta} \cdots (3)$$

此時，平均值、變異數均為 1，符合題意（參照下方〈Memo〉）。

〈Memo〉Gamma 分配

如第 1 章第 3 節所調查，Gamma 分配可以用下式表示：

$$Ga(x, \alpha, \lambda) = kx^{\alpha-1}e^{-\lambda x} \; (0 < x, 0 < \lambda, k \text{ 為常數})$$

此圖形成為如下形狀：

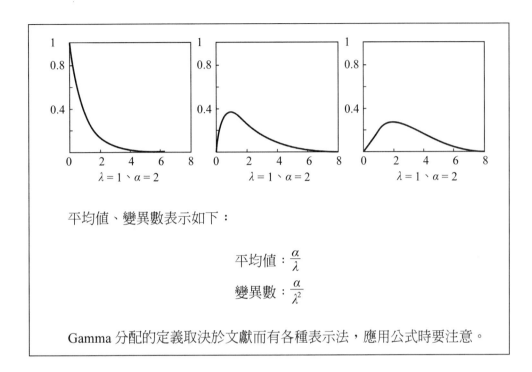

平均值、變異數表示如下：

$$平均值：\frac{\alpha}{\lambda}$$

$$變異數：\frac{\alpha}{\lambda^2}$$

Gamma 分配的定義取決於文獻而有各種表示法，應用公式時要注意。

如此準備就緒，試求 1 日交通事故死亡人數平均值的事後分配。

將 (2)、(3) 式代入貝氏統計的基本公式並計算看看。

$$事後分配 \propto 概似 \times 事前分配$$

因此

$$事後分配 \propto e^{-3\theta}\theta^3 \times e^{-\theta} = \theta^{4-1}e^{-4\theta}$$

此分配是 Gamma 分配 *Ga*(4, 4)。像這樣，當事前分配是 Gamma 分配 *Ga*(1, 1)，知事後分配即為 Gamma *Ga*(4, 4)，對於由服從卜式分配的數據所得到的概似來說，它的自然共軛分配是 Gamma 分配。

2. 推導公式

如上例所計算的那樣，對於由服從卜式分配的數據所得到的概似來說，自然共軛分配即為 Gamma 分配。如將例子中所調查的式子一般化時，可得出如下的公式。

對於由服從卜式分配 $f(x) = \dfrac{e^{-\theta}\theta^x}{x!}$ $(\theta > 0, x = 1, 2, \cdots)$ 的 n 個數據 $x_1, x_2, \cdots x_n$ 所得到的概似來說，將 θ 的事前分配取代 Gamma 分配 $Ga(\alpha, \lambda)$ 時，它的事後分配即為 $Ga(\alpha_1, \lambda_1)$。

其中 $\alpha_1 = \alpha + n\bar{x},\ \lambda_1 = \lambda + n$（$\bar{x}$ 是數據的平均值）

（註）式子的推導方法，請參照附錄 D。

5.6 使用貝氏因子的統計模式的評估法

資料擺在眼前，要進行統計分析時，需要統計模式。譬如，硬幣的正反數據已知時，大概是服從二項分配；或身高的數據收集之後，大概是服從常態分配，建立如此的模式再選配數據。

對於一個數據來說統計模式，事實上可想到種種的模式。譬如，對於所給予的數據來說，是假定均一分配嗎？或是二項分配呢？我們經常為何者較佳而感到困惑。

　　因此，需要判斷基準以了解哪一個模式較優。此處介紹稱為貝氏因子（Bayes factor）的判斷基準。

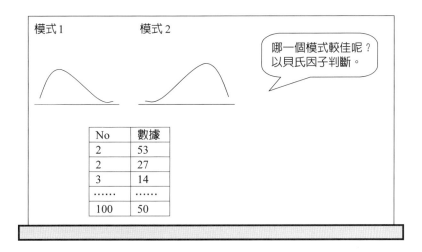

一、模式的說明力是以機率之和表示

　　調查模式 M_1、M_2 何者較佳的判斷法，是以模式對數據的「說明力」大小來判斷。

　　此處，包含母數 θ 的模式 M 的「說明力」是什麼？試思考看看。

$$P(\theta, M \mid D) = \frac{f(D \mid \theta, M)\, p(\theta, M)}{P(D)} \cdots (1)$$

（概似）（事前機率）

（註）本節的內容不管機率變數是離散或是連續都同樣成立。此處，以容易理解的離散方式解說。

　　式中的 M 是強調機率的計算服從模式 M。

　　此模式 M 的說明力，可以就母數 θ 使用機率總和的大小來測量，愈接近 1，愈可清楚說明數據 D 的出現機率。相反地，愈接近 0，就變得無法說明數據 D 的出現機率。

　　有關事後分配的母數機率總和，即為模式對數據的說明力。

模式 M「說明力」＝就事後機率 $p(\theta, M \mid D)$ 的母數 θ 來說的機率總和

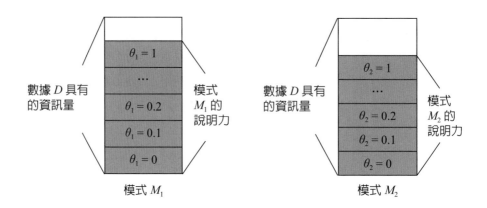

模式 M_1, M_2 的母數在 0、0.1、0.2…1 均成立時，這些值的出現機率之和，即為各模式對數據 D 的說明力。上圖左方之模式 M_1 可以判斷較具有說明力。

二、模式的說明力只能以概似的總和來測量

知道了模式 M 的「說明力」，是對事後機率 $p(\theta, M \mid D)$ 的母數而言的總和。那麼，請看貝氏定理的 (1) 式。

分母的 $p(D)$ 是數據 D 所得到的機率，亦即是與模式無關之值。

並且，分子的事前機率 $p(\theta, M)$，在比較模式的優劣時，無法具體的計算。

模式 M 的「說明力」＝就概似 $f(D \mid \theta, M)$ 的母數 θ 而言的總和

附帶一提，當 θ 是連續變數時，模式 M 的說明力可用如下的積分來表示：

$$\text{模式 M 的「說明力」} = \int f(D \mid \theta, M) d\theta$$

那麼，尋找決定 2 個模式 M_1, M_2 之優劣的指標，決定 2 個模式之優劣，得知終究是稱為貝氏因子的以下比值：

$$\frac{\text{概似} f(D \mid \theta_1, M_1) \text{的母數} \theta \text{的總和}}{\text{概似} f(D \mid \theta_2, M_2) \text{的母數} \theta \text{的總和}} \cdots (2)$$

此貝氏因子如比 1 大時，模式 M_1 較優；比 1 小時，模式 M_2 較優。

三、以例子思考看看

因為偏於全是記號的抽象論，此處題解簡單的例子看看。

例 5.6　投擲硬幣 10 次，正面出現 6 次。在此數據下，

M_1：硬幣的表面出現機率是 $\theta = 0.05$

M_2：硬幣的表面出現機率不明下是均一分配 $p(\theta) = 1, (0 \leq \theta \leq 1)$

試求此 2 個模式的貝氏因子（Bayes factor）。

解

如從二項分配的想法來看，M_1, M_2 的概似分別是

$$C_6^{10} \times 0.5^6 \times (1 - 0.5)^4$$
$$C_6^{10} \times \theta^6 \times (1 - \theta)^4$$

因此

$$\text{模式 } M_1 \text{ 的「說明力」} C_6^{10} \times 0.5^6 \times (1 - 0.5)^4 = \frac{105}{512} \fallingdotseq 0.205$$

$$\text{模式 } M_2 \text{ 的「說明力」} \int_0^1 C_6^{10} \times \theta^6 \times (1-\theta)^4 d\theta = \frac{1}{11} \fallingdotseq 0.091$$

貝氏因子之值由 (2) 式可以求出

$$\frac{0.205}{0.091} \fallingdotseq 2.25$$

模式 M_1 比 M_2 具有 1 倍以上的說明力，如以貝氏因子為基準時，可以判斷模式 M_1 較佳。

5.7 貝氏估計與傳統的統計估計

貝氏統計是採用由貝氏定理所得到的事後分配，計算各種的統計量。基於此意，以往的統計所處理的估計與檢定是較單純的，因為是利用機率分配計算統計量及其評價。

此處，以具體例子比較以往的統計估計與貝氏統計的估計（貝氏估計），並比較其間的差異。

一、以具體的例子做比較

應用以下例題，比較以往的統計估計與貝氏估計，了解其間的差異。

例 5.7　某糖果工廠為了測量糖果的重量，抽出 4 顆糖果做測量，得出以下
　　　　數據：99.6、100.5、101.0、100.1。由過去的經驗得知，母變異數是
　　　　0.042，試由這些數據估計母平均。

解 1 傳統的統計估計

就以往的統計估計來計算時，是以傳統統計學教科書中所揭載的估計法，亦即應用次數主義的估計法做計算。

傳統統計學教科書中的統計估計是應用以下公式：

機率變數 x 假定服從平均值 μ、標準差 σ 的常態分配。此時，在 95% 的機率下，母平均 μ 滿足以下的不等式：

$$\bar{x} - 1.96 \frac{\sigma}{\sqrt{n}} \leq \mu \leq \bar{x} + 1.96 \frac{\sigma}{\sqrt{n}} \cdots ①$$

此處 $\bar{x}$ 是由樣本大小 n 所得到的樣本平均

（註）此估計區間稱為「95% 的信賴區間」。

試應用此公式，對母平均進行區間估計看看。

首先求樣本平均 $\bar{x}$ 之值

$$\bar{x} = \frac{99.6 + 100.5 + 101.0 + 100.1}{4} = 100.3$$

假定這些數據服從常態分配，母變異數是 0.64^2，因此母平均 μ 在 95% 的信賴區間下，滿足以下不等式：

$$100.3 - 1.96\frac{0.64}{\sqrt{4}} \leq \mu \leq 100.3 + 1.96\frac{0.64}{\sqrt{4}} \cdots (2)$$

經計算後，可得出以下的 95% 信賴區間。

$$99367 \leq \mu \leq 100.93 \text{（答）}$$

此處所利用的估計原理是依據「樣本平均 $\bar{x}$ 服從平均值 μ，標準差 $\frac{0.64}{\sqrt{4}}$ 的常態分配（下記 (3) 式）」。

$$f(x) = \frac{1}{\sqrt{2\pi} \times \frac{0.64}{\sqrt{4}}} e^{-\frac{(\chi-\mu)}{2x(\frac{0.64}{\sqrt{4}})^3}} \cdots (3)$$

「95% 信賴區間」，是從樣本平均 $\bar{x}$ 到 $1.96 \times \frac{0.64}{\sqrt{4}}$ 的範圍內，它的母平均 μ 在此範圍的機率是 95%。

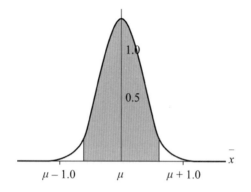

分配的橫軸如左圖。
應注意真正的母平均 μ
是假定「神才知道」。

解2 貝氏估計

那麼，執行貝氏估計看看。假定數據服從常態分配，應用本章第 3 節所說明的以下公式。

服從平均值 μ、變異數 σ^2 的常態分配 $N(\mu, \sigma^2)$ 的 n 個數據 $x_1, x_2, \cdots, x_n$，以母數來說想成平均值 μ。μ 的事前分配式平均值 μ_0，變異數 σ_0^2 的常態分配 $N(\mu_0, \sigma_0^2)$ 時，μ 的事後分配即為常態分配，其平均值 μ_1，變異數 σ_1^2 如下加以更新。

$$\mu_1 = \frac{\dfrac{n\bar{x}}{\sigma^2} + \dfrac{\mu_0}{\sigma_0^2}}{\dfrac{n}{\sigma^2} + \dfrac{1}{\sigma_0^2}} \ , \ \sigma_1^2 = \frac{1}{\dfrac{n}{\sigma^2} + \dfrac{1}{\sigma_0^2}}$$

首先，求樣本平均之值 $\bar{x}$。

$$\bar{x} = \frac{99.6 + 100.5 + 101.0 + 100.1}{4} = 100.3$$

基於「理由不完全原則」（第 3 章第 3 節），以事前分配來說假定均一分配。均一分配是變異數可以想成無限大，因之將 σ_0^2 當作無限大時，$\dfrac{\mu_0}{\sigma_0^2}$，$\dfrac{1}{\sigma_0^2}$ 可以想成是 0。公式中帶入 $n = 4, \sigma^2 = 0.64^2$。

$$\mu_1 = \frac{\dfrac{4 \times 100.3}{0.64^2} + 0}{\dfrac{4}{0.64^2} + 0} = 100.3 \; , \; \sigma_1^2 = \frac{1}{\dfrac{4}{0.64^2} + 0} = \frac{0.64^2}{4} = \left(\frac{0.64}{\sqrt{4}}\right)^2$$

因此，事後分配即成為

$$\text{事後分配} = \frac{1}{\sqrt{2\pi} \times \dfrac{0.64}{\sqrt{4}}} e^{\frac{-(\chi - 100.3)^2}{2 \times \left(\frac{0.64}{\sqrt{4}}\right)}} \; \cdots \; (4)$$

由此 (4) 式去計算各種統計上的量。

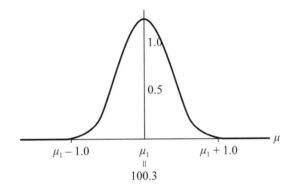

這是 (4) 式的圖形。圖形
的形狀與 (3) 式完全相
同，橫軸由 $\bar{x}$ 變更成 μ。

請注意橫軸是 μ，真正的母平均 μ 在何處「只有神才知道」的概念不包含。
母平均 μ 僅僅是機率變數。

如導出傳統區間估計的 (2) 式時，在上圖中，以事後分配的中心 $u_1 (= 100.3)$
為中心，即可求出在 95% 所包含的 μ 值。

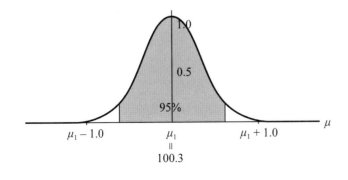

事前分配取成均一分配時，
圖形與古典區間估計所使用
的圖形完全相同，貝氏估計
是可行的。

此與傳統估計的原理圖一致（橫軸不是樣本平均 $\bar{x}$，而是母平均 μ，有此不同）。圖形是相同的，當然所得到的估計區間也是一致的。母數 μ 在平均值 μ_1 的周邊 95% 存在機率即爲

$$100.3 - 1.96$$

於是，可得此母平均 μ 在 95% 的機率下所包含的區間。

$$99.67 \leqq \mu \leqq 100.93 \text{（答）}$$

結果是與傳統的統計估計所求出的答案相同。

由以上計算可知，傳統的統計教科書所揭示的估計法中，假定的「神」，是貝氏統計所不需要的，是貝氏統計將由數據所得到的資訊，率直地引述到理論中。

5.8　貝氏統計與最大概似估計法的關係

如前節所說明，事前分配假定成均一分配時，貝氏統計的結果，可以解釋成與傳統統計學的結論相同。

這對最大概似估計法也可套用，將事前分配取成均一分配的貝氏統計的眾數與最大概似估計法一致。

一、最大概似估計法的概似函數與概似

最大概似估計法如第 2 章第 4 節所說明，使作爲對象的機率現象結果能最容易決定統計模式的母數之一種方法。亦即，使概似函數成爲最大來決定母數。

但是，最大概似估計法中稱爲「概似函數」，與貝氏統計的概似 $f(D \mid \theta)$ 一致。最大概似估計法的「概似函數」與貝氏統計的概似相同。

在貝氏統計的基本公式（本章第 1 節的 (2) 式）中，事前分配當作 $\pi(\theta) = 1$（亦即假定均一分配時），

$$事後分配\ \pi(\theta\,|\,D) \propto 概似 f(D\,|\,\theta) \cdots (1)$$

　　事後分配與概似（除比例常數外）一致。亦即，事前分配取成均一分配時，貝氏統計的事後分配與最大概似估計法的概似函數一致。事後分配的代表值如採用眾數時，所求的結果與最大概似估計法相同就是這個緣故。

二、思考具體例子

　　以最大概似估計法求解第 2 章第 4 節所說明的問題看看。

例 5.8　此處有一個硬幣。當投擲此硬幣 5 次，出現正、正、反、正、反。
　　　　　此硬幣的正面出現之機率設為 θ，試估計此 θ。

解1　**應用最大概似法估計**

　　如第 2 章第 4 節所說明的那樣，硬幣正面出現之機率設為 θ，反面出現之機率即為 $1-\theta$。因此，「正、正、反、正、反」出現的機率 $L(\theta)$，即可如下表示。

$$L(\theta) = \theta \cdot \theta \cdot (1-\theta) \cdot \theta = \theta^3(1-\theta)^2 \cdots (2)$$

　　此即為概似函數，將概似函數 $L(\theta)$ 作成圖形即為下圖：

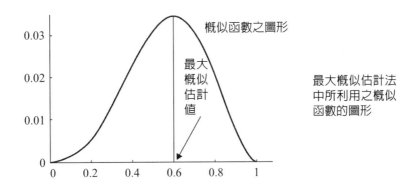

雖然曾有過說明（第 2 章第 4 節），當此圖形 $\theta = 0.6$ 時，此現象最容易發生。因此，硬幣正面出現機率 θ 即可如下估計（稱此值為最大概似估計值）。

$$\theta = 0.6 \text{（答）}$$

解2　應用貝氏估計法

概似 $f(D \mid \theta)$ 可以將數據 D 想成 { 正、正、反、正、反 } 一組。

$$\text{概似} = \theta^2(1-\theta)\theta \times (1-\theta) = \theta^3(1-\theta)^2$$

代入貝氏統計的基本公式 (1) 中，事前機率當作 1（亦即均一分配）時，事後分配由 (1) 式即為

$$\text{事後分配} \propto \text{概度} = \theta^3(1-\theta)^2 \cdots (4)$$

此與概度函數 (2) 式一致。

以分配的代表值來說，平均值、中央值、眾數都是有名的，但此處將眾數（亦即提供分配函數的最大值之點）當做此分配函數的代表值採用看看。

如此一來，因為 (2) 式與 (4) 式（除常數外）一致，因此貝氏統計的解與最大概似估計法的解當然是一致的。亦即，

$$\text{事後分配的眾數} = 0.6 \text{（答）} \cdots (5)$$

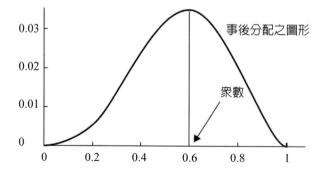

事後分配之圖形

眾數

將事前分配取成均一分配，事後分配的代表值當作眾數時，最大概似估計法的估計值與貝氏估計值一致。

最大概似估計法的答案是 (3) 式，利用貝氏統計所估計的答案是 (5) 式，當然結果是一致的。想必可以了解本節最初所述：

「將事前均成均一分配，貝氏統計的象徵與最大概似估計法一致」。

附帶一提，將此事後分配 (4) 式平均值，取成此分配的代表值看看。

事後分配 (4) 式是 Beta 分配 Be$(4,3)$，利用 Beta 分配的公式（本章第 2 節）平均值即爲 θ 的平均值 $= \dfrac{4}{4+3} \cong 0.57$

此與利用最大概似估計法所得到的估計值 0.6 一致。一般來說，由貝氏估計所得到的平均值，θ 是不會與最大概似估計值一致的。

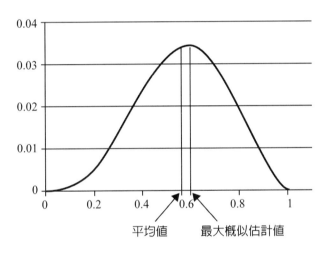

由事後分配所得到的平均值，一般是不會與最大概似估計值一致。

平均值　　最大概似估計值

第6章　以 MCMC 法求解的貝氏統計

貝氏統計是根據事後分配計算。可是，此分配一般是形成複雜的函數形式。爲了自由操控此複雜的事後分配所利用的是 MCMC 法。從事後分配模擬抽出（Sampling）點列，再用於計算。

6.1 何謂 MCMC 法

第 5 章對事後分配能簡單求出的自然共軛分配曾有過說明。選取自然共軛分配作爲事前分配時，事後分配也成爲相同類型的分配。母數是決定分配所需要的。求出事後分配歸結於母數的變換。

近年來，貝氏統計已在各種領域中活用。如此一來，只是符合形式的「自然共軛分配」的發想，出現無法應對的概似與分配。

因此，近年來受到關注的是，應用 MCMC 法的貝氏統計的計算法。使用此手法，不管是何種複雜的分配，理論上是可以輕鬆應對的。

一、何謂馬可夫鏈（MC）

MCMC 法是馬可夫鏈 ‧ 蒙地卡羅（Markov chain ‧ Monte Carlo）法的簡稱，這句話中所包含的「馬可夫鏈」（MC），是將隨機漫步（Random walk）一般化的機率過程。

所謂隨機漫步是以目前的地點作爲基準，下一步是隨機決定的行走方式，與喝醉酒的人的走路方式相似，又稱爲醉步。

喝醉酒的人隨機行走時，下一步只與前一步的位置有關，與之前的位置沒有關係，之前的位置均被遺忘。

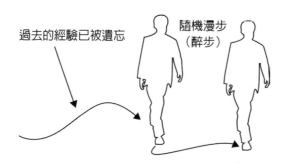

過去的經驗已被遺忘

隨機漫步
（醉步）

隨機漫步（醉步）是
指與前一步位置有關
的行走方式，之前的
位置均已喪失記憶。

但是，馬可夫鏈並非記述完全的隨機現象。完全的隨機現象是連前一步的資訊也都遺忘。

MCMC 法是利用馬可夫鏈，亦即只記得前一步的隨機漫步。如應用完全的隨機現象時，就不是效率佳的抽樣了。且應用複雜的隨機過程時，計算會變得麻煩，失去泛用性。

只記得前一步的隨機漫步（馬可夫鏈），正是可用於後續調查的最高效函數抽樣法。

二、蒙地卡羅法（MC 法）

所謂蒙地卡羅法中的「蒙地卡羅」是取自賭場中有名的地名。將以「機率」的方式進行數式處理的技法比喻成賭博而予以命名。基於此意，即使取名澳門法、拉斯維加斯法也都行。

蒙地卡羅法是為了使已知的函數重現抽出點列，將函數的積分變換成所抽出（Sampling）之點之和的一種技法。對複雜形式的函數、變化激烈之函數的積分都很有效。

蒙地卡羅法的原理很簡單。想調查國民全體的意見時，類似於從人口多的地域多抽樣受訪者，從人口少的地域少抽樣受訪者之情形，抽出與總人口數成比例的受訪者，向被抽樣的受訪者詢問意見，即可期待與全體國民意見相近似的結果。

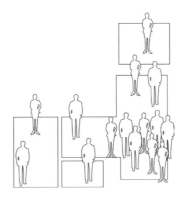

要了解全體國民的意向，抽出與總人口數成比例的受訪者，詢問他們的意見。

〈Memo〉機率過程

下一個現象是以機率的方式受前一個現象所決定的過程稱為機率過程（Stochastic processes）。此處所列舉的隨機漫步或股價變動等，均為其代表。但是，雖然股價是一種機率過程，今日的股價並非機率性地只受昨日的股價所影響。像此種股價，下一個觀察並非只受前一個觀察機率性地影響的機率過程，是不能稱為馬可夫鏈（Markov chain）。

三、以數學的方式表現蒙地卡羅法

以數學的用語表現蒙地卡羅法時，即為如下：

與函數 $f(x)(x \geq 0)$ 的函數值成比例的密度下抽出有限個點。

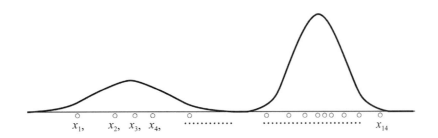

上圖中，為了簡化，與函數值成比例之下抽出 14 個點。由左依序記入 1, 2, 3, ..., 14。

將其座標當作 $x_1, x_2, ..., x_{14}$，此處試計算某一函數 $m(x)$ 與此函數 $f(x)$ 的乘積

$m(x)f(x)$ 的積分看看。

$$\int m(x)\,f(x)\,dx$$

（註）積分區間是機率變數所定義的範圍。

此積分是以如下的點列之和作為近似：

$$\int m(x)\,f(x)\,dx \doteqdot \frac{m(x_1)+m(x_2)+\ldots+m(x_{14})}{14} \cdots (1)$$

如以上面的受訪者調查之比喻來說的話，$f(x)$ 相當於人口密度，$m(x)$ 相當於意見。特別是「x 的平均值」，如設 $m(x)=x$，即可如下簡單地加以表現：

$$\int m(x)\,f(x)\,dx = \frac{x_1+x_2+\ldots+x_{14}}{14} \cdots (2)$$

將以上的結果一般化是很容易的。

（註）詳細情形請參照附錄 G、H。

四、為何積分很重要？

例如人的身高、產品的重量或各種經濟指數等，機率變數取連續之值時，機率分配即可以機率密度函數來表現。將此函數設為 $f(x)$ 時，像平均值或變異數等，統計上重要的值即可如下以積分加以表現。

平均值：$\mu = \int xf(x)dx$

變異數：$\sigma^2 = \int (x-\mu)^2 f(x)dx$（$\mu$ 是平均值）

此處，積分範圍是機率密度函數所定義的所有範圍。

像這樣，統計計算與積分有密切的關係，能進行積分計算，即成為進行統計解析上的重要武器。

〈Memo〉應用 Excel 機率分配的抽出

已知機率分配 *f*(x) 時，從該分配抽出數據的作業，與分配函數的大小成比例下抽出點列是一樣的。亦即，得出分配函數的「擬似分配」。

從代表性的分配函數中抽出，在 Excel 中如利用「資料」清單中的「資料分析」工具即可得出。

可以實際的運用累積分配函數的逆函數。譬如，在 Excel 函數中進行常態分配的抽出時，應用常態分配的累積分配函數的逆函數 NORMINV，如下記述（參考附錄 E）

> $= \text{NORMINV}\,(\text{RAND}(\,)\,,\text{平均值,標準差})$
>
> 將此填入 n 個方格中，n 個點即被抽出。

6.2 吉普斯法（Willard Gibbs）的體系

MCMC 法有幾種方法，本書介紹具代表性的「吉普斯法」（Willard Gibbs）和「美特洛普利斯法」（Metropolis）。隨著電腦的發展，已建立出許多的 MCMC 法並加以改良，先理解最基本的 2 個方法是很重要的。

一、吉普斯法的想法

今思考 2 個變數的機率分配，就將其比作山吧！登山需花數天時間，紮營的地點可以如下步驟來決定。

首先，從登山的位置以東西向（亦即 X 方向）來觀看山，在適當的位置選擇（亦即抽選：sampling）紮營的地點。此處所謂「適當的位置」，是以東西向所見到的山之形狀當作機率分配，依照分配所抽選的位置。

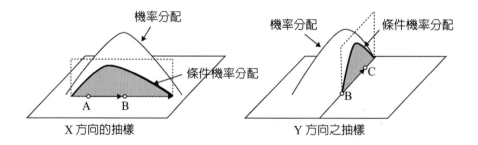

由 A 點以東西向觀看山的形狀，將它當作機率分配抽選 B 點。其次，由 B 點以南北向觀看山的形狀，將它當作機率分配抽選 C 點。重複操作，從原本的機率分配抽選點列的方法就是吉普斯法。

其次，從紮營處以南北向（亦即 Y 方向）觀看山，選擇適當的位置（抽選）作為紮營的地點。此處所謂「適當的位置」，是以南北向所觀看的山之形狀當作

機率分配時，依循其分配所抽選的位置。

接著，再從目前的紮營處以東西向觀看山，於適當的位置處抽選紮營地點，以下同樣。

重複此操作，收集了紮營地點的點列密度，即形成了能高明地重現山之高度的樣本，此即所謂的吉普斯法。

將此擴張到 3 變數以上也是很簡單的吧！並且，1 個變數時，它與只從累積分配函數的逆函數所得到的抽樣是一樣的（參照附錄 E）。

二、吉普斯法的數式表現

將以上事項整理成操作步驟。今假定存在有 2 個機率變數 x, y 的機率分配 $p(x, y)$。應用吉普斯法是依據以下步驟。

〈吉普斯法的步驟〉

步驟 1：指定初期值 y。

初期值是適當的值即可。可是，如採用太過於非常識的值時，至安定為止的期間（稱為 Burn-In 參註）變得很長，對計算徒勞無益。附帶一提，初期值不是 y_0，即使給與 x_0 也行。此後的計算，將 x 與 y 更換解讀即可。

步驟 2：從機率分配 $p(x, y_0)$ 抽樣 x 的備選 x_1。

$p(x, y_0)$ 是表示 $y = y_0$ 時的條件機率。

步驟 3：從機率分配 $p(x_1, y)$ 抽樣 y 的備選 y_1。

$p(x_1, y)$ 是表示 $x = x_1$ 時的條件機率。

步驟 4：從 x 的機率分配 $p(x, y_1)$ 抽樣 x 的備選 x_2。

步驟 5：從 y 的機率分配 $p(x_2, y)$ 抽樣 y 的備選 y_2。

步驟 6：以下重複步驟 2、步驟 3。

對於 3 個變數以上的情形也是一樣。

而且，對抽樣來說，條件機率分配 $p(x, y_i)$、$p(x_i, y)$ 是要非常知名的函數，亦即能抽樣的函數為其條件。譬如，常態分配或 Gamma 分配之情形，以 Excel 即能簡單進行抽樣操作。

　　按以上的計算操作所得到的抽樣數據之中，無法全部使用，必須廢棄最初的 1000～10000 個左右，這些多少是受到已決定的初期值之影響，如先前所示，此部分稱為 Burn In。

註：為了篩選出早期不良品所做的測試，中文譯成「崩應」。

針對 2 變數的機率分配，吉普斯法的演算邏輯

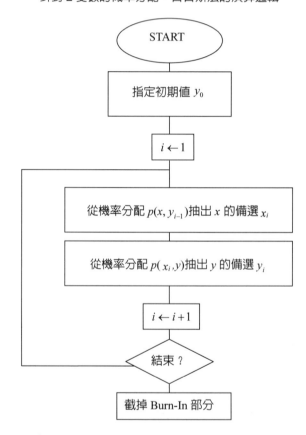

三、對吉普斯法來說「自然共軛分配」很方便

　　如目前所調查的那樣，要利用吉普斯法，需要知名的機率分配。如此才能較容易的執行抽樣。

　　貝氏統計是使用事後分配進行計算，相當於先前的機率分配是事後分配。因此，複雜的事後分配是不容易抽樣的，以結果來說並無法利用吉普斯法。以吉普

斯法進行貝氏統計的計算，事後分配必須簡單才行。

使事後分配變得簡單的技法在先前已有過說明。對概似而言，將自然共軛分配當作事前分配來採用是最好的方式（第 5 章）。

所謂貝氏定理中的共軛是指「事前機率與事後機率服從相同類型的分配」，如第 5 章所說明，較具代表的自然共軛分配有如下的情形：

事前分配	概似	事後分配
Beta 分配	二項分配	Beta 分配
常態分配	常態分配	常態分配
逆 Gamma 分配	常態分配	逆 Gamma 分配
Gamma 分配	卜式	Gamma 分配

〈Memo〉Excel 函數中可以抽樣的分配

即使得出條件事後機率，如無法從此分配抽樣時，即無法利用吉普斯法。此處整理出能以 Excel 抽樣的分配。

事前分配	Excel 函數名
Beta 分配	BETAINV
常態分配	NORMINV　　NORMSINV
逆 Gamma 分配	GAMMAINV
Gamma 分配	GAMMAINV

對於逆 Gamma 分配來說，無法利用 Excel 函數直接抽樣。可是，如利用 Gamma 分配所抽出之數值予以倒數，即為逆 Gamma 分配的抽樣（參第 5 章第 5 節，及附錄 E）。

6.3　吉普斯法的具體例子

前節說明了吉普斯法的概念，此處試思考其具體例子。

例 6.1　針對 30 位同學，進行 5 科目的共同學力測驗，其平均分數得出如下（滿分 10 分）。

6.0	10.0	7.6	3.5	1.4	2.5	5.6	3.0	2.2	5.0
3.3	7.6	5.8	6.7	2.8	4.8	6.3	5.3	5.4	3.3
3.4	3.8	3.3	5.7	6.3	8.4	4.6	2.8	7.9	8.9

試由此調查全國學生的平均分數 μ 與變異數 σ^2。出題者設想以平均分數為 5 分來出題。

假定學生們的 5 科平均分數服從常態分配，此常態分配的母數即平均值 μ 與變異數 σ^2 未知，試計算這些的分配。

1. 假定事前分配

首先假定事前分配。關於變異數 σ^2 的事前分配，假定是平緩減少的逆 Gamma 分配 IG(0.01, 0.01)。

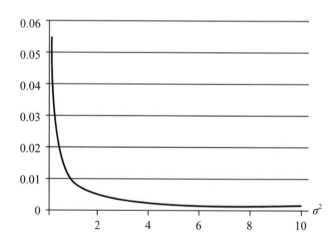

出題者是「設想平均分數為 5 分來出題」，因此以平均值 μ 的事前分配來說，假定平均值是 5、變異數是 $4\sigma^2$ 的常態分配。

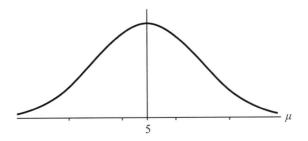

2. 求事後分配

此處，將第 4 章第 4 節最後的結果整理看看。

> 　　對於服從常態分配的 n 個數據 $x_1, x_2, ..., x_n$ 來說，它們的變異數 σ^2 與平均值 μ 的條件事前分配分別取成
>
> 　　逆 Gamma 分配 IG($\frac{n_0}{2}$, $\frac{n_0 s_0}{2}$)，常態分配 $(\mu, \frac{\sigma^2}{m_0})$
>
> σ^2，μ 的條件事後分配分別為
>
> $$逆 \text{ Gamma 分配 IG}(\frac{n_1+1}{2}, \frac{n_1 s_1 + m_1 (\mu - \mu_1)^2}{2}) \cdots (1)$$
>
> $$常態分配 N(\mu_1, \frac{\sigma^2}{m_1}) \cdots (2)$$

此處的參數關係，即為如下：

$$m_1 = m_0 + n，n_1 = n_0 + n，\mu_1 = \frac{n\bar{x} + m_0 \mu_0}{m_0 + n}$$

$$n_1 s_1 = n_0 s_0 + Q + \frac{m_0 n}{m_0 + n}(\bar{x} - \mu_0)^2 （Q 是數據的變動）$$

成績的數據假定是服從平均 μ、變異數 σ^2 的常態分配。因此，可以照樣應用此公式。

立刻帶入數值看看。數據數 n 是 30，變異數 σ^2 的事前分配 IG($\frac{n_0}{2}$, $\frac{n_0 s_0}{2}$) 利用 IG(0.01, 0.01)，因此假定

$$m_0 = 0.02，s_0 = 1$$

另外，平均 μ 的事前分配 $N(\mu_0, \frac{\sigma^2}{m_0})$ 是假定 $N(5, 4\sigma^2)$，因此可以如下設定：

$$\mu_0 = 5，m_0 = 0.25$$

於是，事後分配的參數值即如下決定：

$$m_1 = 0.25 + 30 = 30.25$$

$$n_1 = 0.02 + 30 = 30.02$$

$$n_1 s_1 = 0.02 \times 1 + 138.22 + \frac{0.25 \times 30}{0.25 + 30} \times (5 \times 1 - 5)^2 = 138.24$$

$$\mu_1 = \frac{30 \times 5 \times 11 + 0.25 \times 5}{0.25 + 30} = 5.11$$

此處，從所給予的成績求出以下之值，再應用

$$平均值 \bar{x} = 5.11，變動 Q = 138.22$$

將以上帶入先前的公式 (1)、(2) 時，即可求出條件事後機率，如此一來，應用吉普斯法的準備已經就緒。

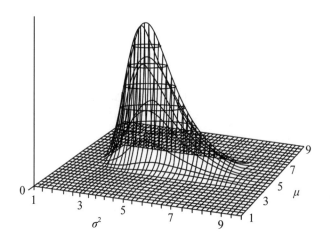

這是以吉普斯法所抽樣的機率密度函數的圖形。注意取決於 μ 之值，圖形會改變。以此山形為依據，執行前節所表示的「紮營」。

3. 執行吉普斯法的演算

以 Excel 執行前節所調查之吉普斯法的演算看看。

以 Excel 執行吉普斯法的工作單例。工作單中的 β 參照下節。

此工作單的說明，留於下節，暫且顯示結果。

以吉普斯法所發生的事後分配的數值樣本之中，最初的 1000 個當作崩應（Burn-In）部分予以廢棄，採用其次的 1000 個。此數值組即為事後分配的樣本（擬似分配），關於事後分配的統計計算，此後可以用此樣本替代。

譬如，由事後分配所得到的母數 μ 平均值，即可如下得出：

$$AVERAGE（E1010：E2009）$$

不需要積分等的操作。母數 μ 平均值的計算結果，與另一個母數 σ^2 平均值，表示如下：

	μ	σ^2
平均值	5.10	4.89

將所抽樣之變異數 σ^2 與平均值 μ 點列的分散情形試著作成圖形，這些點列即形成擬似事後機率。

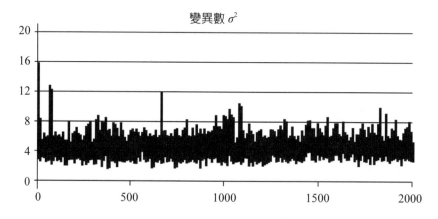

變異數 σ^2 的抽樣結果，從最初到 1000 個是當作 Burn-In 予以廢棄。

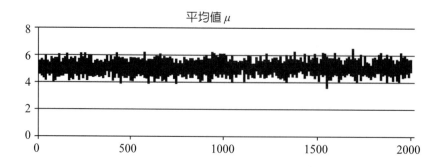

平均值 μ 的抽樣結果，與變異數 σ^2 一樣，從最初到 1000 個是當作崩應，部分予以廢棄。

　　根據 μ、σ^2 的平均值，試描繪出 μ、σ^2 的條件事後分配圖形。這是在 μ、σ^2 的任一方代入平均值所得出的條件機率函數圖形。從此種形狀，大致可以執行 μ、σ^2 的抽樣。

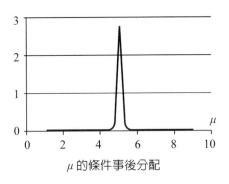

μ 的條件事後分配

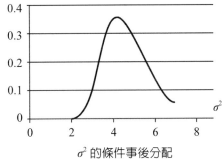

σ^2 的條件事後分配

〈Memo〉Excel 的 3D 圖形

由 μ 與 σ^2 所構成之逆 Gamma 分配的機率密度函數

$$IG(\sigma^2, \frac{n_1+1}{2}, \frac{n_1 s_1 + m_1(\mu-\mu_1)^2}{2})$$

3D 圖形曾在 153 頁中提示過，應用 Excel 可以簡單畫出，了解分配的樣態非常方便。這是使用以下「曲面圖」的「等高線描畫機能」。

6.4 吉普斯法與 Excel

至前節為止，說明了吉普斯法的原理與其應用例子。吉普斯法如應用 Excel 即可簡單執行，此處就工作單進行解說，製作工作單可按以下的步驟1～7進行。

1. 母數的設定

在事後分配的確定上，要設定所需的母數，此設定是吉普斯法最重要的要點，這是因為要對適配數據的統計模式給予母數的緣故。

	I6		f_x	=F5*F6+C5+F2*C3*(C4-F3)^2/(F2+C3)			
	A	B	C	D	E	F	G	H	I
1		吉普斯抽樣…常態分配數據、事前分配是常態分配×逆gamma分配						
2					m_0	0.25	m_1		30.25
3		數據數n	30		μ_0	5	μ_1		5.11
4		平均數	5.11						
5		變動	138.22		n_0	0.02	n_1		30.02
6		變異數	4.61		S_0	1	n_1S_1		138.24
7									
8				次數	μ	β	$1/\sigma^2$	σ^2	$\sigma/\sqrt{m_1}$

母數的設定

2. 設定初期值

對於成為抽樣「種子」的變數 σ^2 設定初期值，考察後面的步驟 (4)，指定倒數 $\dfrac{1}{\sigma^2}$ 的初期值（下圖是 $\dfrac{1}{4}$）。

從所指定的 $\dfrac{1}{\sigma^2}$ 之值，在以下的步驟 (3) 中所需的 σ^2，$\dfrac{\sigma}{\sqrt{m_1}}$ 也要先求出。

設定初期值

	G9		f_x	=1/4			
	A	B	C	D	E	F	G	H	I
1		吉普斯抽樣…常態分配數據、事前分配是常態分配×逆gamma分配						
2					m_0	0.25	m_1		30.25
3		數據數n	30		μ_0	5	μ_1		5.11
4		平均數	5.11						
5		變動	138.22		n_0	0.02	n_1		30.02
6		變異數	4.61		S_0	1	n_1S_1		138.24
7									
8				次數	μ	β	$1/\sigma^2$	σ^2	$\sigma/\sqrt{m_1}$
9					0		0.25		
10					1				
11					2				

3. 平均值 μ 的抽樣

在步驟 (2) 所給予的值 σ^2 之下，從條件事後分配 $N(\mu_1, \dfrac{\sigma^2}{m_1})$ 抽樣 μ 之值。抽樣可利用 NORMINV 函數。

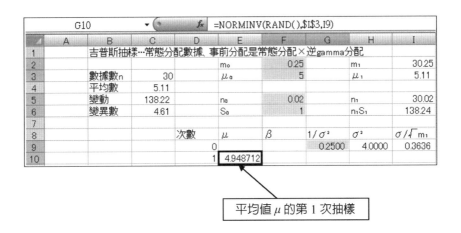

平均值 μ 的第 1 次抽樣

4. 變異數 σ^2 的抽樣

從步驟 (3) 所得到的 μ 值來看，逆 Gamma 分配的母數是確定的，因此從固定 μ 的條件事後分配 $IG(\dfrac{n_1+1}{2}, \dfrac{n_1 s_1 + m_1 (\mu - \mu_1)^2}{2})$ 抽樣變異數 σ^2 之值。

〈Memo〉GAMMAINV 函數

如第 5 章第 2 節的〈Memo〉所顯示的那樣，並無抽樣逆 Gamma 分配的 Excel 函數，逆 Gamma 分配的抽樣，可如下利用 Excel 的函數 GAMMAINV。

$$GAMMAINV（機率, \alpha, \dfrac{1}{\lambda}）（詳細參附錄 E）$$

此倒數即為變異數的抽樣值。

但指定的母數太長，因此先求出：

$$\beta = \dfrac{n_1 s_1}{2} + \dfrac{1}{2} m_1 (\mu - \mu_1)^2$$

如前頁的〈Memo〉所記載，可應用 Gamma 分配所抽出的數值的倒數（詳細參考附錄 E）。

	A	B	C	D	E	F	G	H	I
					E11		fx =GAMMAINV(RAND(),($I$5+1)/2,1/F10)		
1		吉普斯抽樣…常態分配數據、事前分配是常態分配×逆gamma分配							
2					m_0	0.25		m_1	30.25
3		數據數n	30		μ_0	5		μ_1	5.11
4		平均數	5.11						
5		變動	138.22		n_0	0.02		n_1	30.02
6		變異數	4.61		S_0	1		n_1S_1	138.24
7									
8				次數	μ	β	$1/\sigma^2$	σ^2	$\sigma/\sqrt{m_1}$
9				0			0.2500	4.0000	0.3636
10				1	5.465586	71.9765	0.167333		

$1/\sigma^2$ 的第 1 次抽樣

5. 再次進行平均值 μ 的抽樣

進入第 2 次的抽樣。與步驟 (3) 相同，在步驟 (4) 所抽出的 σ^2 值之下，再次抽樣 μ 之值。

	A	B	C	D	E	F	G	H	I
					E11		fx =NORMINV(RAND(),$I$3,I10)		
1		吉普斯抽樣…常態分配數據、事前分配是常態分配×逆gamma分配							
2					m_0	0.25		m_1	30.25
3		數據數n	30		μ_0	5		μ_1	5.11
4		平均數	5.11						
5		變動	138.22		n_0	0.02		n_1	30.02
6		變異數	4.61		S_0	1		n_1S_1	138.24
7									
8				次數	μ	β	$1/\sigma^2$	σ^2	$\sigma/\sqrt{m_1}$
9				0			0.2500	4.0000	0.3636
10				1	5.465586	71.9765	0.167333	5.976092	0.444474
11				2	4.690178				

平均值 μ 的第 2 次抽樣

6. 複製第 1 次的抽樣

由步驟 (5) 想必可知，把第 1 次抽樣的計算式，只複製所需要的樣本數。此處，決定複製 2000 份。

	A	B	C	D	E	F	G	H	I

E2005　　　　　f_x　=NORMINV(RAND(),$I$3,I2004)

	A	B	C	D	E	F	G	H	I
1			吉普斯抽樣…常態分配數據、事前分配是常態分配×逆gamma分配						
2					m$_0$	0.25	m$_1$		30.25
3		數據數n	30		μ_0	5	μ_1		5.11
4		平均數	5.11						
5		變動	138.22		n$_0$	0.02	n$_1$		30.02
6		變異數	4.61		S$_0$	1	n$_1$S$_1$		138.24
7									
8				次數	μ	β	$1/\sigma^2$	σ^2	$\sigma/\sqrt{m_1}$
9				0			0.2500	4.0000	0.3636
2005					4.909708	69.72277	0.207565	4.817766	0.3991
2006					6.258144	89.0914	0.171974	5.814823	0.4384
2007					4.553499	73.79032	0.165608	6.038368	0.4468
2008					5.469886	71.09037	0.17613	5.677621	0.4332
2009					4.323585	78.45392	0.119665	8.356675	0.5256
2010					5.339449	69.92411	0.191971	5.20913	0.4150
2011					5.751675	75.36684	0.223967	4.464951	0.3842

複製第 10 列的函數 2000 份

7. 崩應（**Burn-In**）部分的截斷

截掉對步驟 (1) 給予之初期值有影響的部分。譬如，計算母數 μ 的平均值，是應用從 1001 次到 2000 次為止的抽樣。

L4　　　　　f_x　=AVERAGE(E1010:E2009)

	A	B	C	D	E	F	G	H	I	J	K	L	M
1			吉普斯抽樣…常態分配數據、事前分配是常態分配×逆gamma分配										
2					m$_0$	0.25	m$_1$		30.25		計算結果		
3		數據數n	30		μ_0	5	μ_1		5.11			μ	σ^2
4		平均數	5.11								平均值	5.10	4.87
5		變動	138.22		n$_0$	0.02	n$_1$		30.02				
6		變異數	4.61		S$_0$	1	n$_1$S$_1$		138.24				
7													
8				次數	μ	β	$1/\sigma^2$	σ^2	$\sigma/\sqrt{m_1}$				
9				0			0.2500	4.0000	0.3636				
1007				998	4.936644	69.57129	0.213249	4.689352	0.3937				
1008				999	5.132966	69.13012	0.189661	5.272577	0.4175				
1009				1000	5.503642	71.47601	0.294217	3.398847	0.3352				
1010				1001	5.422982	70.61173	0.274388	3.644473	0.3471				
1011				1002	5.112064	69.12163	0.162355	6.159347	0.4512				
1012				1003	5.592101	72.65015	0.224109	4.462123	0.3841				
1013				1004	5.26293	69.47946	0.245205	4.078228	0.3672				
1014				1005	5.239138	69.3773	0.226802	4.409136	0.3818				
1015				1006	5.791222	76.1592	0.141417	7.071282	0.4835				
1016				1007	5.833367	77.0556	0.149958	6.668523	0.4695				
1017				1008	4.903733	69.75904	0.183097	5.461576	0.4249				

應用第 1001 列至 2000 列的抽樣

6.5 Metropolis 法的體系

採用吉普斯法，事後分配需要非常知名的函數，否則無法從條件的事後分配抽樣。

可是，統計模式變得複雜時，必然的事後分配也變得複雜，無法因應吉普斯法的要求「事後分配是要非常知名的函數」。

因此，在複雜的狀況下開發了抽樣的技法，其解決的方法之一，即爲 Metropolis 法。此方法極爲簡單，只要應用 Excel 即可。

一、何謂 Metropolis 法

一般來說，蒙地卡羅法是讓分配函數的擬似亂數發生的技法。抽樣與分配函數之值成比例的點列，以其點列擬似分配函數。如此一來，統計計算所需的各種積分，即可替換成點列之和。

利用 Metropolis 法抽樣分配函數的擬似點列之方法，與登山者在山麓部分一口氣快速登山，在山頂處即久候停留的想法相吻合。

亦即，將函數 $P(x)(\geq 0)$ 的圖形想成山，圖形有如在上坡時俐落順暢地登山，到了下坡時有如勉爲其難下山地操弄登山者。如此一來，登山者的足跡即類似 $P(x)$ 的點列抽出。

以數學的方式來說，從目前登山者的位置 x_t，決定下一個位置 x_{t+1}。首先，隨機地決定步幅 ε，並查看下一步的地點，該位置記作 $x'(= x_t + \varepsilon)$。然後，依循以下的規則，決定是否進到下一個位置。

$$
\begin{cases}
如\ P(x') \geq P(x_t)\ 時， & x_{t+1} = x' \\
\\
P(x') < P(x_t)\ 時， & 機率\ r，x_{t+1} = x'
\end{cases}
$$

此處，機率 r 如下決定：

$$r = \frac{P(x')}{P(x_t)}$$

將以上的原理以用語表現時，即為如下：

上坡時，無條件地一步登山。
下坡時，視斜率 r 決定再進一步或是停留原處。

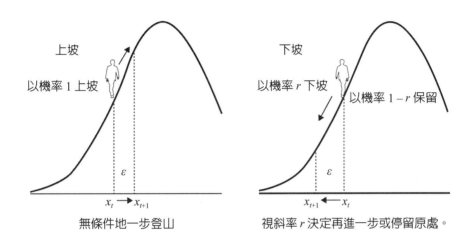

無條件地一步登山　　　　視斜率 r 決定再進一步或停留原處。

（註）嚴密事項參照附錄 H。

按照這樣，即可得出與分配函數的大小成比例的密度點列。

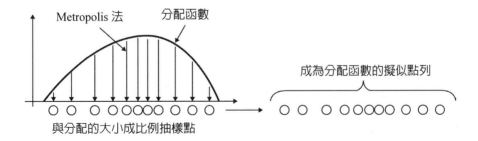

〈Memo〉 Metropolis-Hasting 法

改良 Metropolis 法,使抽樣能更有效率地演算,稱爲 Metropolis-Hasting 法。此演算使用如下機率:

$$r = \frac{P(x')g(x_t|x')}{P(x_t)g(x'|x_t)}$$

$g(x' \mid x_t)$ 稱爲提案密度,將此考量加入之後,一般的 MCMC 問題即變得容易應對。

附帶一提,Metropolis 或 Hasting 都是人名。

二、多變數的情形

有數個機率變數時,將此處所解說的 x 當作向量,隨機的步幅 ε 也是向量,亦即都解釋成多次元座標。如此作法,對數個機率變數時,可以照樣將上述內容擴張。

三、試著歸納整理

試將 Metropolis 法整理成流程表,依據此,即可簡單地利用 Excel 執行 Metropolis 法。

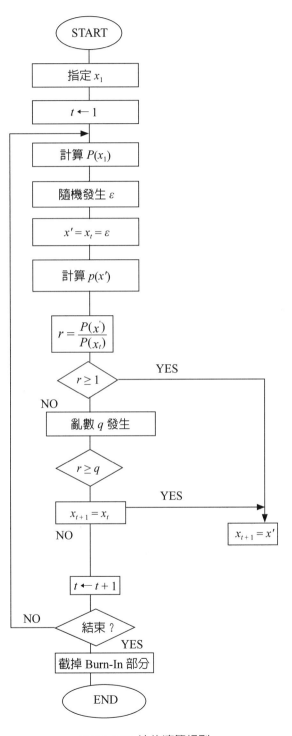

Metropolis 法的演算規則

6.6 | **Metropolis 法的具體例子**

前節以登山者的例子說明 Metropolis 法的體系，在山麓部分是一口氣地登頂，在山頂部分則久候停留，下坡時卻很慎重。

此處，說明 Metropolis 法的具體例子。以本章第 3 節的吉普斯法所思考的數據來解題吧！

一、以具體的例子思考看看

> **例 6.2** 對 30 位同學，進行 5 科目的共同學力測驗，平均分數得出如下（滿分 10 分）。
>
> | 6.0 | 10.0 | 7.6 | 3.5 | 1.4 | 2.5 | 5.6 | 3.0 | 2.2 | 5.0 |
> | 3.3 | 7.6 | 5.8 | 6.7 | 2.8 | 4.8 | 6.3 | 5.3 | 5.4 | 3.3 |
> | 3.4 | 3.8 | 3.3 | 5.7 | 6.3 | 8.4 | 4.6 | 2.8 | 7.9 | 8.9 |
>
> 試調查全國學生的平均分數 μ 與變異數 σ^2 的分配。另外，出題者設想以平均分數為 5 分來出題。

每位學生的 5 科目平均分數假定服從常態分配，此常態分配的母數即平均值 μ 與變異數 σ^2，假定未知。試調查其平均值 μ 與變異數 σ^2 的分配。

1. 假定事前分配

與吉普斯法（本章第 3 節）一樣，試著假定事前分配。

關於變異數 σ^2 的事前分配，假定是緩慢減少的逆 Gamma 分配 IG(0.01, 0.01)。關於平均值 μ，由於出題者是「設想平均分數為 5 分來出題」，所以 μ 的事前分配 $\pi(\mu \mid \sigma^2)$，假定平均值是 5 且形成平穩的山型 $N(5, 4\sigma^2)$。至此為止，與本章第 3 節相同。

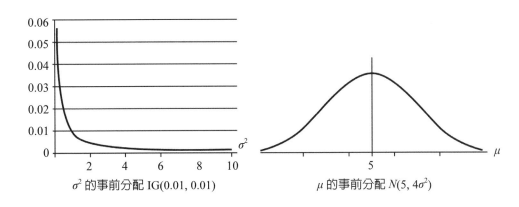

σ^2 的事前分配 IG(0.01, 0.01)　　　　　　μ 的事前分配 $N(5, 4\sigma^2)$

2. 確認事後分配

此處試著整理第 5 章第 4 節所調查的結果。

詳細情形參照附錄 C。

對於服從平均值 μ、變異數 σ^2 的常態分配的 n 個數據 $x_1, x_2, \cdots x_n$ 來說，此等的變異數 σ^2 與平均數 μ 的事前分配分別當作：

$$逆\ \mathrm{GAMMA}\ 分配\ IG\left(\frac{n_0}{2}, \frac{n_0 S_0}{2}\right)，常態分配\ N(\mu_0, \frac{\sigma^2}{m_0})$$

事後分配成為：

$$事後分配 \propto \left(\sigma^2\right)^{-\frac{n_1+1}{2}} e^{-\frac{n_1 S_{1+m}(\mu-\mu_1)^2}{2\sigma^2}} \cdots (1)$$

此處，

$$m_1 = m_0 + n，n_1 = n_0 + n$$

$$n_1 S_1 = n_0 S_0 + Q + \frac{m_0 n}{m_0 + n}\left(\overline{x} - \mu_0\right)^2，\mu_1 = \frac{n\overline{x} + m_0 \mu_0}{m_0 + n}$$

其中，$\overline{x}$ 是數據的平均值，Q 是數據的變動。

試將數值帶入公式裡，數據 n 是 30，變異數 σ^2 的事前分配 $IG\left(\dfrac{n_0}{2}, \dfrac{n_0 S_0}{2}\right)$ 是利用 IG(0.01, 0.01)，因此假定

$$n_0 = 0.02 \text{，} S_0 = 1$$

另外，平均值 μ 的事前分配 $N(\mu_0, \dfrac{\sigma^2}{m_0})$ 是假定 $N(5, 4\sigma^2)$，因此可以如下設定：

$$\mu_0 = 5 \text{，} m_0 = 0.25$$

於是，事後分配的參數值即如下決定：

$$m_1 = 0.25 + 30 = 30.25$$
$$n_1 = 0.02 + 30 = 30.02$$
$$n_1 S_1 = 0.02 \times 1 + 138.22 + \frac{0.25 \times 30}{0.25 + 30} \times (5.11 - 5)^2 = 138.24$$
$$\mu_1 = \frac{30 \times 5.11 + 0.25 \times 5}{0.25 + 30} = 5.11$$

此處，已知的成績數據求出以下值再應用，

$$平均值 \ \bar{x} = 5.11 \text{，} 變動 \ Q = 138.22$$

將以上之值帶入公式，並即代入

$$事後分配 \propto \left(\sigma^2\right)^{-\frac{n_1+1}{2}-1} e^{-\frac{n_1 S_{1+m_1}(\mu-\mu_1)^2}{2\sigma^2}} \cdots (2)$$

則事後分配即可具體的求出。

事後分配已確定，因此應用 Metropolis 法已準備就緒。如將事後分配比作山，則事後分配 (2) 式即可畫出如下圖像。以此山為對象，執行前節所表示的「登山」即可。

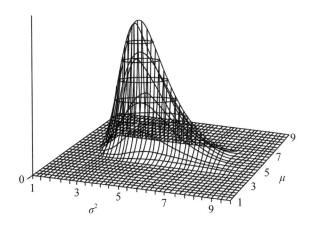

分配 (2) 的圖像。對 μ、σ^2 來說，抽出與此山的高度成正比的密度點列即為目標。以此山為對象，執行前節所表示的「登山」即可。

3. 執行 Metropolis 法的運算

試著執行先前所調查的 Metropolis 法的演算，Metropolis 法利用 Excel 即可簡單執行。

此工作表的說明列於下節，此處顯示其結果。

	μ	σ^2
平均值	5.12	4.54

在吉普斯法的部分也曾調查過，但利用蒙地卡羅法時，連續型機率變數的平均值、變異數，即可以單純的樣本和求出。例如，在先前的工作單中，請留意是以 AVERAGE 函數求出 μ 的平均值，並未利用複雜的積分。

將所抽樣的變異數 σ^2 與平均數 μ 點列的分散情形，試著做成圖形。

這些點列即形成擬似事後分配。

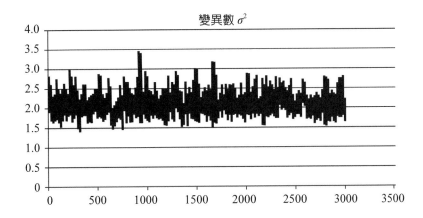

變異數 σ^2

變異數 σ^2 的抽樣結果，從最初到 1000 個當作崩應（Burn-In）部分予以廢棄。

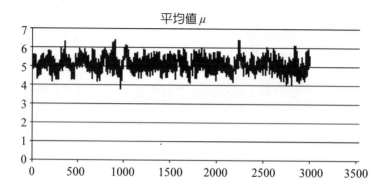

平均值 μ

平均值 μ 的抽樣結果，與變異數 σ^2 一樣，從最初到 1000 個當作崩應部分予以廢棄

〈Memo〉MCMC 法的「步幅」設定

當執行 Metropolis 法時，必須設定進入「下一個位置」的間隔。如取大時，雖然安定但計算步驟增加；如取小時，就會陷入凹處。總之，需要花時間收集好樣本。

換言之，進入「下一個位置」的間隔在 MCMC 法是很重要的。是否適當的抽樣？上方所顯示的圖形若是適度地分散且安定即可查證。

6.7 應用 Excel 執行 Metropolis 法

Metropolis 法以 Excel 即可簡單執行。此處應用前節的例子，說明它的計算法。

以 Excel 執行 Metropolis 法，在工作表上依照本章第 5 節所說明的「登山」例子就很容易理解。因此，按照登山的想法，如下圖作成 7 張工作單，瀏覽每一張工作單，查看後續的步驟 1～11。

■ 7 張工作單

35	28	5.2861	2.5256			
36	29	5.2861	2.5256			
37	30	5.2861	2.5256			
38	31	4.9687	2.1415			
39	32	4.9937	1.9196			

數據與結果 ╱ 元 ╱ p_元 ╱ episilon ╱ 備選 ╱ p_備選 ╱ 新舊機率比 ╱ 抽樣 ╱

（註）上方工作表之中的「數據與結果」表示將應用數據與其計算結果加以整理，與演算無關。

1. 設定初期值

在「原始」的工作單中，要設定成為「第一步」的 μ_0, σ_0。這對應於本章第 5 節的馬可夫鏈的初期值 x_0。

	C4		f_x	5	
	A	B	C	D	E
1			metropolis法…現在位置之確認		
2					
3			μ_0	σ_0	
4		初期值	5	3	
5					
6					
7		次數	μ 元	σ 元	
8		1			
9		2			
10		3			

（註）此處不是變異數 σ_0^2，而是將標準差 σ_0 當作母數使用。

2. 確定目前之值

在「原始」的工作單中，確定目前的位置。這對應於本章第 5 節之馬可夫鏈的位置 x_t。

3. 進行目前位置的機率計算

在「P_原」工作單上，求出步驟 2 目前位置的機率密度。亦即求出本章第 5 節的馬可夫鏈的機率 $P(x_t)$ 之值，此機率密度 $P(x_t)$ 是以事後分配（本章第 6 節 (2)式）加以設定。

4. 隨機確定下一步

在「epsilon (ε)」的工作單中，求出「下一步」。此處利用常態亂數，求出下一步。相當於求解 $x_t + \varepsilon$ 的 ε，而此式是求解本章第 5 節的馬可夫鏈的備選值 x'。

5. 確定備選位置

在「備選」工作單上，將步驟 4 的「一步」追加到步驟 2「原始」工作單的目前位置，求出備選位置，變成求解本章第 5 節的馬可夫鏈的備選值 $x' = x_t + \varepsilon$。

6. 進行備選位置的機率計算

在「P_備選」工作單上，求出步驟 5 之備選位置的機率值，亦即，統計本章第 5 節的馬可夫鏈的備選值 x'，求出機率密度 $P(x')$ 之值，機率密度 $P(x')$ 是以事後分配（本章第 6 節 (2) 式）加以表示。

	E8			f_x	=$D8^(-$E$4-3)*EXP(-($E$5+$E$2*($C8-$E$3)^2)/2/$D8^2)			
	A	B	C	D	E	F	G	H	I
1		metropolis法…計算備選位置之機率(機率密度)							
2				m_1	30				
3				μ_1	5.11				
4				n_1	30				
5				n_1S_1	138.24				
6									
7		次數	μ	σ	p 備選				
8		1	4.861351	2.913644	1.23063E-19				
9		2							
10		3							

7. 計算目前位置與備選位置的機率比 r

　　在「新舊機率比」工作單上，求出步驟 3 與步驟 6 所得出之目前位置與備選位置之機率值之比。亦即，計算本章第 5 節所調查的 $r = \dfrac{x(x')}{x(x_t)}$。

	C8			f_x	=p_備選!E8/p_元!E8	
	A	B	C	D	E	F
1		metropolis法…計算現位置與備選位置之機率比				
2						
3						
4						
5						
6						
7		次數	新舊機率比			
8		1	0.375167			
9		2				
10		3				

8. 執行抽樣

　　在「抽樣工作單」上，依照步驟 7 所得出的 r 值，決定是停留在目前位置？或是移動到備選位置？這是 Metropolis 法的關鍵，亦即，從步驟 3 所求出的目前位置的機率值，以及步驟 6 所求出之備選位置之機率值之比，決定是否重新抽出備選位置。備選位置的機率值大時，無條件地抽出備選位置；如果小時，則取決於小的程度來抽樣。

B8			fx	=IF(新舊機率比!C8>=1,1,IF(RAND()<新舊機率比!C8,1,0))					
	A	B	C	D	E	F	G	H	I	J
1		metropolis法…抽樣								
2										
3										
4		更新率								
5		0.637								
6										
7	次數	更新	μ決定	σ決定						
8		0	5	3						
9										

9. 將已確定的位置重新登錄到「原始」工作單上

　　將步驟 8 所決定的抽樣位置，設定在步驟 2 的「原始」工作單的新列中。

C9			fx	=抽樣!C8	
	A	B	C	D	E	F
1			metropolis法…現在位置之確認			
2						
3			μ₀	σ₀		
4		初期值	5	3		
5						
6						
7		次數	μ元	σ元		
8		1	5.0000	3.0000		
9		2	5.0000	3.0000		
10		3				

10. 重複步驟 3～9，得出想要求出的樣本個數

　　步驟 3～9 的操作（抽樣），只重複目的次數。

	A	B	C	D	E
	D3007			f_x	=抽樣!D3006
1		metropolis法⋯現在位置之確認			
2					
3			μ_a	σ_a	
4		初期值	5	3	
5					
6					
7		次數	μ元	σ元	
3000		2993	5.0640	2.4643	
3001		2994	5.0640	2.4643	
3002		2995	4.9856	2.0620	
3003		2996	4.9856	2.0620	
3004		2997	4.7658	1.8118	
3005		2998	4.7658	1.8118	
3006		2999	4.7658	1.8118	
3007		3000	4.7023	2.2123	

11. 截掉崩應（Burn-In）的部分

由於初期的樣本受到初期值的影響，因此當作崩應（Burn-In）部分截掉。依照以上步驟可以得出事後機率的樣本個數。

（註）Burn-In 除了譯為「崩應」，又可稱為「預燒」。

本章介紹的是貝氏統計與 MCMC 法結合之後的階層貝氏法，照樣可以處理複雜的模式，且可享受貝氏統計的迷人風貌，這是傳統的統計無法體會的，值得我們耐心的閱讀。

7.1　可因應複雜統計模式的階層貝氏法

單純的統計模式所無法處理的數據，只會使統計模式變得複雜而已，且會使設定模式的母數增加，傳統的統計變得難以處理，因此需要應用貝氏統計，找出解決對策。

一、具體的思考看看

以下的學生分數數據是 20 位學生的得分結果，以 10 分為滿分的考試。

學生 NO.	1	2	3	4	5	6	7	8	9	10
分數	1	0	10	4	10	10	10	6	4	10
學生 NO.	11	12	13	14	15	16	17	18	19	20
分數	1	9	0	5	10	7	1	9	2	8

將考試結果的人數分配表製作成圖表。

平均值是 5.85，為何數據未集中至平均值的附近呢？在應用常態分配的單純統計模式中無法一目了然的說明。應用以往的單純統計，只以平均值與變異數來說明數據，是不可能應對的。

此混沌的分散原因，可以歸咎於各個學生的「特徵多」所引起的，並非妥切地分布在平均值附近的「特徵少」群體，亦即不是服從常態分配的群體。處理此種特徵多的數據，需要用到很多母數的複雜統計模式。

得點	人數
10	6
9	2
8	1
7	1
6	1
5	1
4	2
3	0
2	1
1	3
0	2
計	20

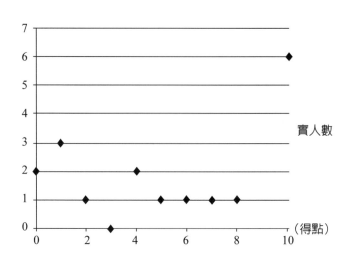

二、階層貝氏模式的想法

　　模式盡可能單純會比較容易理解，應用模式的是傳統的統計學。譬如，假定常態分配，且只以平均值與變異數決定統計模式。

　　可是，各個個體的特徵豐富時，只應用數個母數的統計模式是不可能的，因此必須採取逆發想。首先準備多個母數，為了避免模式不收斂，這些母數在事前分配中要先限制住。

　　此處即可活用貝氏定理，將準備的多個母數作成概似，將概似乘上事前分配，得出事後分配，然後利用此事後分配分析數據，此即為階層貝氏的想法。

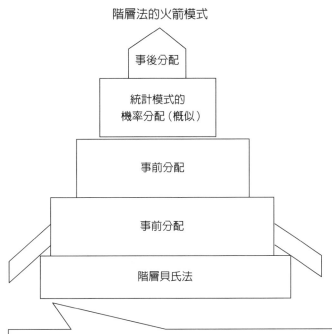

階層法的火箭模式

事後分配

統計模式的
機率分配（概似）

事前分配

事前分配

階層貝氏法

　　所謂階層貝氏法，是把由統計模式所得到的機率分配想成概似，將其加在事前
分配，再利用貝氏定理，求出精密度更高的事後分配，再進行統計分析的一種手段。
此恰如將事前分配當作推進的火箭，增加推進力（亦即數據分析力）的火箭模式。

三、階層貝氏模式與超母數

　　試以具體的式子思考看看。假定統計模式已確定，且以母數 θ 所表示的概似
$f(D \mid \theta)$ 也已確定。此處，D 是數據。此時，對 θ 假定有某種資訊與經驗知識 α，
假定它是以機率分配 $g(\theta \mid \alpha)$ 來表示。

　　此處，α 是規定 θ 分配的母數。於是，事後分配 $\pi(\theta \mid D)$ 從「貝氏統計的基
本公式」即可如下求得：

$$\pi(\theta \mid D) \propto f(D \mid \theta) \, g(\theta \mid \alpha) \cdots (1)$$

　　應用 $\pi(\theta \mid D)$ 分析數據是階層貝氏法的立場。

　　對具有統計模式特徵之母數 θ 的分配 $g(\theta \mid \alpha)$ 規定母數 α，謂之「規定母數
的母數」，稱此 α 為超母數（Hyper parameter）。所謂超母數是針對規定統計模
式的母數，引進事前的知識與信賴度的一種母數。

貝氏定理也可分成數個階段應用，稱爲貝氏更新，它的想法可以同樣應用在階層貝氏法中，也可想成「超母數的超母數」。

譬如，(1)式的超母數 α 如服從機率分配 $h(\alpha \mid \beta)$ 時，(1)式可以重新如下表現：

$$\pi(\theta \mid D) \propto f(D \mid \theta) \cdot g(\theta \mid \alpha) \cdot h(\alpha \mid \beta)$$

超母數 α 的超母數即爲 β。

如以上的作法，可以將複雜的統計模式的母數，分成數個階段引進到機率分配的式子，此即爲階層貝氏法的優越想法。

	以母數所表示的機率分配（概似）
事後分配的內容	母數（Parameter）的事前分配
	超母數的事前分配
	超母數的超母數的事前分配
	………………

階層貝氏法是應用貝氏定理，將模式做成多層構造，再分析數據，此即爲階層貝氏法受用之理由。

7.2　以傳統的最大概似法求解看看

爲了觀察以往的統計學與階層貝氏法之差異，此處將像傳統的統計學教科書，試分析前節所列出的資料。資料是統計20位學生以10分爲滿分的測驗結果。

學生 NO	1	2	3	4	5	6	7	8	9	10
分數	1	0	10	4	10	10	10	6	4	10
學生 NO	11	12	13	14	15	16	17	18	19	20
分數	1	9	0	5	10	7	1	9	2	8

此資料的平均值是 5.85，變異數是 14.52（標準差是 3.81）。

1. 從二項分配計算對數概似

學生具有的問題解決能力為 q。在傳統的模式中，此值想成一定，第 i 位學生是 10 分中得到 k 分之機率為 P_i，二項定理可以如下記述：

$$P_k = {}_{10}C_k q^k (1 - q)^{10-k}$$

譬如，學生 No.i 以 1, 2, 3, …20 來看時，

$$P_1 = {}_{10}C_1 q (1-q)^9 \ , \ P_2 = {}_{10}C_0 (1-q)^{10} \ , \ P_3 = {}_{10}C_{10} q^{10} \ , \ \cdots \ , \ P_{20} = {}_{10}C_8 q^8 (1-q)^2$$

因此，此資料所得到的機率 P，即為 $P_1 \sim P_{20}$ 這些相乘：

$$
\begin{aligned}
P &= P_1 \times P_2 \times P_3 \times \cdots \times P_{20} \\
&= {}_{10}C_1 q(1-q)^9 \times {}_{10}C_0 (1-q)^{10} \times {}_{10}C_{10} q^{10} \times \cdots \times {}_{10}C_8 q^8 (1-q)^2
\end{aligned}
$$

2. 執行最大概似估計法

試以最大概似估計法求此機率 P 成為最大值的 q。

由於形成乘積的形式，取自然對數，將對數概似設為 L（第 1 章第 4 節）。

$$
\begin{aligned}
L &= \log {}_{10}C_1 q(1-q)^9 \times {}_{10}C_0 (1-q)^{10} \times {}_{10}C_{10} q^{10} \times \cdots \times {}_{10}C_8 q^8 (1-q)^2 \\
&= (1 + 0 + 10 + \cdots + 8)\log q + (9 + 10 + 0 + \cdots + 2)\log(1-q) + 常數
\end{aligned}
$$

上式最初的（　）是總分 117 分。第二個（　）是全員滿分的情形減去總得分後的「總誤答分數」，即為 $20 \times 10 - 117 = 83$

代入上面的對數概似 L 的式子後，

$$L = 117\log q + 83\log(1-q) + 常數$$

　　試畫出此圖形，忽略常數部分，即成為下圖。由此圖可知，當 $q = 0.585$ 時，對數概似成為最大。

（註）由 L 的導函數 $L' = \dfrac{117}{g} - \dfrac{83}{1-g}$，此導函數成為 0，得出 $q = 0.585$。

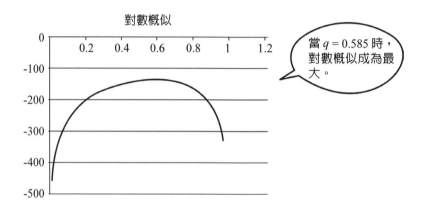

3. 實際數據的變異數，比計算值還大的過度分散現象

　　由於知道學生具有的問題解決能力 q 之值，試由此求平均值。

　　依據計算值 $q = 0.585$，由二項分配的公式（第 2 章第 3 節）

$$平均值 = 10 \times 0.585 = 5.85$$

　　此結果與由資料所得到的平均值相一致。

　　其次，應用計算求解變異數。此也可從二項分配的公式（第 2 章第 3 節）求出：

$$變異數 = 10 \times 0.585 \times (1 - 0.585) = 2.43$$

　　但是，由資料所得出的實際變異數是 14.52！目前的模式，是無法說明實際的變異數值（變異數比以模式所預想的值還大，稱為過度變異數）。

　　此過度變異數的原因，在於完全忽略各種數據的特徵，假定有相同的問題解決能力 q。

4. 觀察人數分配

　　為了查證過度變異數，將實際數據的分配，與由計算所得出的人數分配整理成下方圖表。不一致的情形，可以從圖表看得一清二楚。

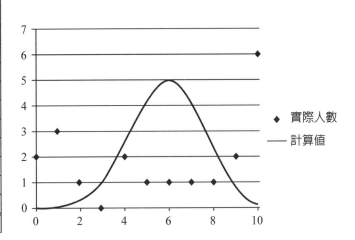

得點	實人數	計算值
10	6	0.09
9	2	0.67
8	1	2.13
7	1	4.02
6	1	4.99
5	1	4.25
4	2	2.51
3	0	1.02
2	1	0.27
1	3	0.04
0	2	0.00
計	20	20

　　從下節起，將對此不一致的原因「各個數據的特徵」，以及階層貝氏法如何引進到統計模式中進行說明。

7.3　階層貝氏法的模式化

　　應用階層貝氏法時，可以適時地引進構成資料的各個個體的特徵。

　　首先，先確認貝氏統計的基本公式：

$$事後分配 \propto 概似 \times 事前分配 \cdots (1)$$

　　舉例說明的數據來自本章第 1、2 節的資料。此資料是統計 20 位學生，以 10 分為滿分的測驗結果。

學生 NO	1	2	3	4	5	6	7	8	9	10
分數	1	0	10	4	10	10	10	6	4	10
學生 NO	11	12	13	14	15	16	17	18	19	20
分數	1	9	0	5	10	7	1	9	2	8

1. 讓母數隨機發生

前節的統計模式在此資料分析中失敗，原因在於構成此資料的各個個體的特徵不同。像平均值與變異數那樣，無法僅以數個母數來說明。

我們試著給予各個個體不同的特徵，亦即，假定 20 位學生有不同的解決問題能力。

學生 NO	1	2	⋯	i	⋯	20
問題解決能力	q_1	q_2	⋯	q_i	⋯	q_{20}

以學生 NO.1, 2, 3, ⋯ , 20 來看，學生得分機率可以表示如下：

$$P_1 = {}_{10}C_1 q_1 (1-q_1)^9 \text{ , } P_2 = {}_{10}C_0 (1-q_2)^{10} \text{ , } P_3 = {}_{10}C_{10} q_3{}^{10} \text{ , } \cdots \text{ , } P_{20} = {}_{10}C_8 q_{20}{}^8 (1-q_{20})^2$$

概似是針對所有學生，將所有機率相乘即可得出。

概似 $P_1 \times P_2 \times P_3 \times \cdots \times P_{20}$
$$= {}_{10}C_1 q_1 (1-q_1)^9 \times {}_{10}C_0 (1-q_2)^{10} \times {}_{10}C_{10} q_3{}^{10} \times \cdots \times {}_{10}C_8 q_{20}{}^8 (1-q_{20})^2$$

2. 建立統計模式

然而，只是增加母數的個數無法解決任何事情，僅僅是將二項分配應用在各個個體而已，分析統計數據必然需要統計模式。

此處，就各學生的解決問題能力 q_i（$i = 1, 2, \cdots, 20$），採用如下的統計模式：

$$\log \frac{q_i}{1-q_i} = \beta - r_i$$

將此稱為 logit 模式，此處的對數是採用自然對數。

所謂的自然對數是像 $\log_e A$，底為 $e = 271828\cdots\cdots$ 的對數（相對地，底是 10 時，$\log_{10} A$ 稱為常用對數）。

針對 q_i 求解看看：

$$q_i = \frac{1}{1 + e^{-\beta - r_i}} \cdots (3)$$

β 是所有個體共同的母體（將母體的特徵以一個表值表示），r_i 是各個個體特有的母數。如以此例題來說，β 可以解釋成受試者的共同能力。首先，r_i 可以想成各個學生的個別能力，r_i 如變大，則解決問題能力 q_i 之值也變大。

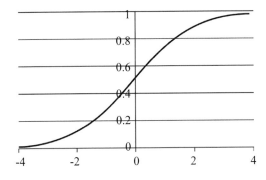

此為 $y = \dfrac{1}{1 + e^{-x}}$ 的圖形。為成長曲線的一種。(3) 式是具有此圖形的想法。

3. 假定超母數

個人能力的分配，當然是服從某種分配，以經驗來看，這可以假定是常態分配。因此，學生的個別能力 r_i 的事前分配可以如下假定：

$$r_i \text{ 的事前分配 } \pi(r_i \mid \sigma) = \frac{1}{\sqrt{2\pi}\sigma} e^{-\frac{r_i^2}{2\sigma^2}} \cdots (4)$$

學生個別能力的變異數 σ^2 是表示「個人能力」之母數 r_i 的分配母數，即為前節所調查的超母數。

此 σ^2 也是服從某種分配，因此，有可能要引進「超母數的超母數」，但此處個體數只有 20 個，因此不能如此考慮，亦即想成是取成正值的均一分配。

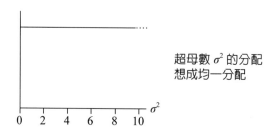

超母數 σ^2 的分配
想成均一分配

表示共同能力的 β 也可視爲服從某種分配，與 r_i 的分配函數一樣，經驗上可以想成是服從常態分配。

$$\beta \text{ 的事前分配 } \pi(\beta \mid \sigma_\beta) = \frac{1}{\sqrt{2\pi} \times 10} e^{-\frac{\beta^2}{200}} \cdots (5)$$

此時，共同能力 β 的分配函數即爲平穩的釣鐘型。

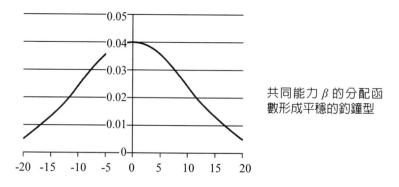

共同能力 β 的分配函
數形成平穩的釣鐘型

將到目前爲止的事項加以整理，由 (4)、(5) 式，事前分配的式子如下表示：

$$\text{事前分配 } \pi(r_1, r_2 \cdots r_{20} \mid \sigma)\pi(\beta)$$

$$= \frac{1}{\sqrt{2\pi}\sigma} e^{-\frac{r_1^2}{2\sigma^2}} \times \frac{1}{\sqrt{2\pi}\sigma} e^{-\frac{r_2^2}{2\sigma^2}} \times \frac{1}{\sqrt{2\pi}\sigma} e^{-\frac{r_{20}^2}{2\sigma^2}} \times \frac{1}{\sqrt{2\pi}x10} e^{-\frac{\beta^2}{200}} \cdots (6)$$

4. 求出事後分配

一切準備就緒，將表示概似的 (2) 式乘上表示事前分配的 (6) 式，從貝氏統計的基本公式 (1)，可以得出事後分配。

　　此事後分配含有 22 個母數 β, σ, r_1, r_2, $\cdots$, r_{20}。由於將所有的事後分配合併記述過於複雜，因此試著抽出第 i 位學生的成績為 x_i 的部分來看。由 (2)、(6) 式的乘積抽出所屬部分記成 $f(p, \sigma, r_i \,|\, x_i)$ 時，

$$f(p, \sigma, r_i \,|\, x_i) = {}_{10}C_{x_i}q_i^{x_i}(1-q_i)^{10-x_i}\frac{1}{\sqrt{2\pi}\sigma}e^{-\frac{r_i^2}{2\sigma^2}}\ \ (q_i = \frac{1}{1+e^{-\beta-r_i}})\cdots(7)$$

　　將此 (7) 式對所有的學生相乘，再乘上共同能力 β 的事前分配 (5) 式，即成為貝氏統計中擔任主角的事後分配。

$$\text{事後分配} \propto f(\beta, \sigma, r_1 \,|\, x_1)\, f(\beta, \sigma, r_2 \,|\, x_2)\cdots f(\beta, \sigma, r_{20} \,|\, x_{20})\frac{1}{\sqrt{2\pi}\sigma}e^{-\frac{r_i^2}{2\sigma^2}}\cdots(8)$$

　　這是階層貝氏法針對此處的統計模式來說的目標式。

5. 請看 $f(p, \sigma, r_i \,|\, x_i)$ 的圖形

　　此處，試調查構成事後分配 (8) 式中的複雜 (7) 式。這是固定共同能力 β，調查學生的個別能力 r 的分配 (7) 是何種圖形？亦即，將橫軸當作 r，針對分數 x 為 0, 1, 2, $\cdots$, 10 畫出如下的圖形。

$$f(p, \sigma, r \,|\, x) = {}_{10}C_{x}q^{x}(1-q)^{10-x}\frac{1}{\sqrt{2\pi}\sigma}e^{\frac{r^2}{2\sigma^2}}$$

$$(\,q = \frac{1}{1+e^{-\beta-r}}\ x = 1, 2, \cdots, 10\,)$$

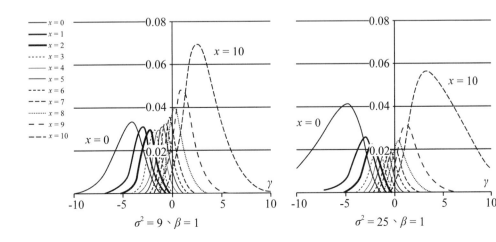

　　越是高分的圖形，學生的個別能力 r 的分配越向較大的一方（右方）移動其尖峰。由此 2 圖似乎可知，改變對學生個別能力 r 造成變異的變異數 σ^2 之值，分配的尖峰就會有很大的變化。這樣的乘積 (8) 式即為事後分配。因此，使各自的尖峰妥切地配合數據以決定 σ^2，要調查個別能力 r 與共同能力 β 的分配，即為此處階層貝氏的演算法則。

7.4　以常態貝氏法求解階層貝氏模式

　　前節是針對以下數據，應用階層貝氏法製作統計模式。

學生 NO	1	2	3	4	5	6	7	8	9	10
分數	1	0	10	4	10	10	10	6	4	10
學生 NO	11	12	13	14	15	16	17	18	19	20
分數	1	9	0	5	10	7	1	9	2	8

　　第 i 位學生得成績 x_i 之機率可以如下求出：

$$f(p, \sigma, r_i \mid x_i) = {}_{10}C_{x_i} q_i^{x_i} (1-q_i)^{10-x_i} \frac{1}{\sqrt{2\pi}\sigma} e^{-\frac{r_i^2}{2\sigma^2}}$$
$$\left(q_i = \frac{1}{1 + e^{-\beta-r_i}} \right)$$

　　將此式針對所有學生相乘，最後乘上共同能力 β 的事前分配，即為事後分配（前節第 (8) 式）。

$$\text{事後分配} \propto f(\beta, \sigma, r_1 \mid x_1)\, f(\beta, \sigma, r_2 \mid x_2) \cdots f(\beta, \sigma, r_{20} \mid x_{20}) \frac{1}{\sqrt{2\pi}} e^{-\frac{\beta^2}{200}} \cdots (1)$$

　　亦即，此 (1) 式即為階層貝氏法的主要式子。

　　問題是要如何處理此 (1) 式。此處介紹有名的處理法及經驗貝氏法。對於瑣碎的母數來說，積分後式子消失，將剩下的主要母數之值再以最大概似估計法來決定的一種方法。此即將最大概似估計法與貝氏估計「相加除以 2」的統計解決

方法。

以下，爲了簡化，就 β 所假定的分配 $\dfrac{1}{\sqrt{2\pi}\sigma}e^{-\frac{\beta^2}{200}}$ 以均一分配來近似。

於是，事後分配 (1) 式即成爲如下：

$$事後分配 \propto f(\beta, \sigma, r_1 \mid x_1)\ f(\beta, \sigma, r_2 \mid x_2) \cdots f(\beta, \sigma, r_{20} \mid x_{20}) \cdots (2)$$

1. 就細部的母數積分

　　在 (1) 式中，構成模式的主要母數是 σ 與 β。因此，就剩下的母數 $\gamma_1, \cdots, \gamma_{20}$ 積分看看。

　　以機率論來說，意指計算邊際機率（連續變數時稱爲邊際分配）。

　　所謂邊際機率在第一章曾說明過，但當有數個機率變數時，將一邊的機率變數之值固定，就另一邊的機率變數取和（連續時取積分）。

　　譬如，存在有機率變數 X, Y，假定分配如下表加以設定，此時，X 的邊際機率即顯示在表的右邊。

		Y				
		y1	**y2**	**y3**	**y4**	邊際機率
X	x1	P11	P12	P13	P14	P11+P12+P13+P14
	x2	P21	P22	P23	P24	P21+P22+P23+P24
	x3	P31	P32	P33	P34	P31+P32+P33+P34

　　本章要調查的 (2) 式如本例題，雖然並不單純，但可以想成是相當於此表 X 的是 σ 與 β，相當於 Y 的是 $\gamma_1, \cdots, \gamma_{20}$。

　　那麼，實際以 $\gamma_1, \cdots, \gamma_{20}$ 積分 (2) 式來看。

$$L(\sigma, \beta) = \int\int \cdots\cdots \int （事後分配）d\gamma_1 d\gamma_2 \cdots\cdots d\gamma_{20}$$

$$\int f(\beta, \sigma, r_2 \mid x_1)d\gamma_1 \int f(\beta, \sigma, r_2 \mid x_2)d\gamma_2 \cdots \int f(\beta, \sigma, r_{20} \mid x_{20})d\gamma_{20}$$

　　此處，積分的範圍是母數 r_i 的可能值的範圍（亦即從 $-\infty$ 到 ∞），在所有範

圍積分時，它的積分變數會從式中消失。

因此，表示成如下時

$$\int f(\beta, r, r_1 \mid x_1) d\gamma_1 = f(\beta, \sigma \mid x_1) \text{、} \int f(\beta, r, r_2 \mid x_2) d\gamma_2 = f(\beta, \sigma \mid x_2)$$

$L(\sigma, \beta)$ 的積分變成如下：

$$L(\sigma, \beta) = f(\beta, \sigma \mid x_1) f(\beta, \sigma \mid x_2) \cdots f(\beta, \sigma \mid x_{20})$$

但是，$x_1, x_2 \cdots x_{20}$ 是學生的分數，取 0 到 10 的數值。

如果是相同成績 x_i 時，$f(\beta, \sigma \mid x_i)$ 是相同型式。此即在 $L(\sigma, \beta)$ 之中取得相同分數的學生加以整理而成。

從本節最初所示的資料，可以得出如下的得分分配：

得分	0	1	2	3	4	5	6	7	8	9	10	計
人數	2	3	1	0	2	1	1	1	1	2	6	20

從此得分的分配表，$L(\sigma, \beta)$ 可以如下加以整理：

$$L(\sigma, \beta) = \{ f(\beta, \sigma \mid 0\ \text{分}) \}^2 \{ f(\beta, \sigma \mid 1\ \text{分}) \}^3 \cdots \{ f(\beta, \sigma \mid 10\ \text{分}) \}^6 \cdots (3)$$

2. 最大概似估計

終於準備就緒，根據此式對 σ, β 進行最大概似估計。

(2) 式的 $L(\sigma, \beta)$ 形式是以積分構成，取對數較容易計算，因此，取自然對數看看（第 2 章第 4 節）。

$$\log L(\sigma, \beta) = 2\log f(\beta, \sigma \mid 0\ \text{分}) + 3\log f(\beta, \sigma \mid 1\ \text{分}) + \cdots + 6\log f(\beta, \sigma \mid 10\ \text{分})$$

使 $L(\sigma, \beta)$ 成為最大值的 σ, β 之值（最大概似估計值），與上式左邊 $\log L(\sigma, \beta)$

成為最大值的 σ, β 值相同。

那麼實際求 σ, β 的最大概似估計值看看。具體的計算法於下節說明，此處只顯示結果。

$$\beta = 0.86, \sigma = 3.08 \cdots (4)$$

3. 計算期待得分之分配

如本節最初所確認的那樣，$f(\beta, \sigma, r \mid x)$ 是具有個別能力 r 的學生取得 x 分的機率，從階層貝氏法可以如下假定：

$$f(\beta, \sigma, r \mid x) = {}_{10}C_x q^x (1-q)^{10-x} \times \frac{1}{\sqrt{2\pi}\sigma} e^{-\frac{r^2}{2\sigma^2}}$$

$$\left(q = \frac{1}{1 + e^{-\beta-r}} \right)$$

就 γ 的積分（亦即總和）

$$f(\beta, \sigma \mid x) = \int f(\beta, \sigma, r \mid x) dr$$

此即為在 (4) 式之下學生取得 x 分之機率。因此，對此乘上總人數 (20)，即可得出取得 x 分的期待人數。如此，即可得出以經驗貝氏法預估的人數分配。

得分	0	1	2	3	4	5	6	7	8	9	10	和
實際人數	2	3	1	0	2	1	1	1	1	2	6	20
期待人數	2.7	1.5	1.2	1.0	1.0	1.0	1.0	1.2	1.5	2.3	5.6	20

將預估人數分配，配合實測值表示看看，可以很清楚的重現實際數據。

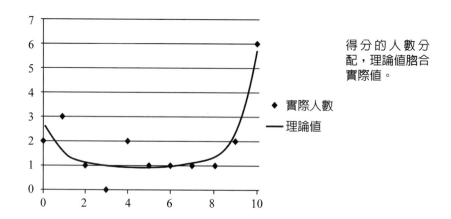

得分的人數分配，理論值脗合實際值。

　　試從前幾頁的人數分配，求得分的平均值與變異數，可以清楚重現實際數據的平均值與變異數。得以證實經驗貝氏法對複雜模式的統計分析是有效的策略。

	平均得分	變異數
實際數據	5.9	14.5
計算結果	6.0	14.2

7.5　經驗貝氏法所需 Excel 工作表解說

　　經驗貝氏法因加入積分的操作，因此無法在 Excel 的工作表上計算。除此之外，求最大概似估計值所需之強力工具「Solver」可在 Excel 中應用，在原理上是非常簡單的計算。

1. 填入函數

　　將作為目的的母數 σ, β 設定成適當的值（下圖分別設定成 1），填入所需的函數，亦即將以下填入方格中：

$$f(\beta, \sigma, r_i \mid x_i) = {}_{10}C_{x_i}\, g_i^{\,x_i}(1 - g_i)^{10 - x_i}\frac{1}{\sqrt{2\pi}\sigma}\, e^{-\frac{r_i^2}{2\sigma^2}} \cdots (1)$$

$$f(\beta, \sigma \mid x_i) = \int f(\beta, \sigma, r_i \mid x_i)\, d\gamma_i \cdots (2)$$

$$\log L(\sigma, \beta) = 2\log f(\beta, \sigma \mid 0) + 3\log f(\beta, \sigma \mid 1) + \cdots + 6\log f(\beta, \sigma \mid 10) \cdots (3)$$

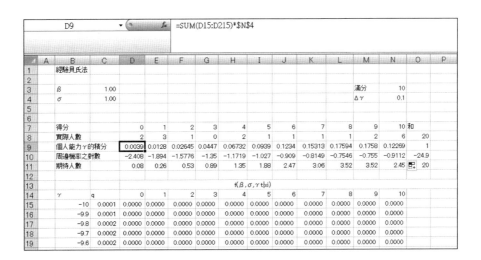

2. 執行 (2) 式的積分

此處利用的函數由於不會形成特異的變動，因此以近似長方形執行積分 (2) 式（附錄 F）。

3. 計算對數概似 (3) 式

為了計算 (3) 的對數概似，求出 (2) 式的積分結果的對數，再計算其總和。

D10 | =LOG(D9)

	A	B	C	D	E	F	G	H	I	J	K	L	M	N	O	P
1		經驗貝氏法														
2																
3		β	1.00										滿分	10		
4		σ	1.00										Δγ	0.1		
5																
6																
7		得分		0	1	2	3	4	5	6	7	8	9	10	和	
8		實際人數		2	3	1	0	2	1	1	1	1	2	6	20	
9		個人能力γ的積分		0.0039	0.0128	0.02645	0.0447	0.06732	0.0939	0.1234	0.15313	0.17594	0.1758	0.12269	1	
10		周邊機率之對數		-2.408	-1.894	-1.5776	-1.35	-1.1719	-1.027	-0.909	-0.8149	-0.7546	-0.755	-0.9112	-24.9	
11		期待人數		0.08	0.26	0.53	0.89	1.35	1.88	2.47	3.06	3.52	3.52	2.45	20	
12																
13									f(β,σ,γt|xi)							
14		γ	q	0	1	2	3	4	5	6	7	8	9	10		
15		-10	0.0001	0.0000	0.0000	0.0000	0.0000	0.0000	0.0000	0.0000	0.0000	0.0000	0.0000	0.0000		
16		-9.9	0.0001	0.0000	0.0000	0.0000	0.0000	0.0000	0.0000	0.0000	0.0000	0.0000	0.0000	0.0000		
17		-9.8	0.0002	0.0000	0.0000	0.0000	0.0000	0.0000	0.0000	0.0000	0.0000	0.0000	0.0000	0.0000		
18		-9.7	0.0002	0.0000	0.0000	0.0000	0.0000	0.0000	0.0000	0.0000	0.0000	0.0000	0.0000	0.0000		
19		-9.6	0.0002	0.0000	0.0000	0.0000	0.0000	0.0000	0.0000	0.0000	0.0000	0.0000	0.0000	0.0000		

4. 計算最大概似估計值

此處利用 Excel 的工具「Solver」，用 Excel 尋找值所求的對數概似之方格 O10 成為最小的 σ, β（方格 C3, C4）。

O10 | =SUMPRODUCT(D8:N8,D10:N10)

	A	B	C	D	E	F	G	H	I	J	K	L	M	N	O	P
1		經驗貝氏法														
2																
3		β	0.86										滿分	10		
4		σ	3.05										Δγ	0.1		
5																
6																
7		得分		0	1	2	3	4	5	6	7	8	9	10	和	
8		實際人數		2	3	1	0	2	1	1	1	1	2	6	20	
9		個人能力γ的積分		0.1323	0.0759	0.05845	0.0513	0.04867	0.0492	0.0527	0.06043	0.0765	0.1158	0.27791	0.999	
10		周邊機率之對數		-0.88	-1.12	-1.23	-1.29	-1.31	-1.31	-1.28	-1.22	-1.12	-0.94	-0.56	-19.11	
11		期待人數		0.08	0.26	0.53	0.89	1.35	1.88	2.47	3.06	3.52	3.52	2.45	20	
12																

從 Solver 的執行結果，以最大概似估計值所得出的最大概似估計值，知即為以下之值：

$$\beta = 0.86, \sigma = 3.08 \cdots (4)$$

下圖是對此試算表的規劃求解（Solver）設定例。

5. 計算期待人數

(2)式是獲取得分x_i的機率，將它乘以總人數，即可得出其得分的期待人數。

| O11 | | | fx | =O9*$O$8 |

	A	B	C	D	E	F	G	H	I	J	K	L	M	N	O	P
1		經驗貝氏法														
2																
3		β	0.86										滿分	10		
4		σ	3.05										Δγ	0.1		
5																
6																
7		得分		0	1	2	3	4	5	6	7	8	9	10	和	
8		實際人數		2	3	1	0	2	1	1	1	1	2	6	20	
9		各得分的周邊機率		0.1323	0.0759	0.05845	0.0513	0.04867	0.0492	0.0527	0.06043	0.0765	0.1158	0.27791	0.999	
10		周邊機率之對數		-0.88	-1.12	-1.23	-1.29	-1.31	-1.31	-1.28	-1.22	-1.12	-0.94	-0.56	-19.11	
11		期待人數		2.65	1.52	1.17	1.03	0.97	0.98	1.05	1.21	1.53	2.32	5.56	20.0	
12																

〈**Memo**〉分析之工具「規劃求解」的安裝法

求最大概似估計法，要利用 Excel 準備的「規劃求解（Solver）」。將它們稱爲「增益集」（Add In），在 Excel 的初期狀態通常無法應用，需要安裝作業。

於任一功能鍵按右鍵，點選「自訂快速存取工具列」。

點選增益集，按執行。

點選分析工具箱、規劃求解增益集，按確定。

點選資料，右方出現資料分析及規劃求解。

7.6 以 MCMC 法求解階層貝氏模式

本章第 3 節是針對以下數據利用階層貝氏法製作了統計模式。

學生 NO	1	2	3	4	5	6	7	8	9	10
分數	1	0	10	4	10	10	10	6	4	10
學生 NO	11	12	13	14	15	16	17	18	19	20
分數	1	9	0	5	10	7	1	9	2	8

將第 i 位學生取得成績 x_i 的機率分配是利用個別能力 γ_i 與共同能力 β 如下設定：

$$f(\beta, \sigma, \gamma_i \mid x_i) = {}_{10}C_{x_i} q_i^{x_i} (1-q_i)^{10-x_i} \frac{1}{\sqrt{2\pi}\sigma} e^{-\frac{r_i^2}{2\sigma^2}}$$

$$\left(q_i = \frac{1}{1+e^{-\beta-r_i}} \right)$$

將此式就所有的學生相乘，最後乘上共同能力 β 的事前分配，即得出目的的事後分配式子。

$$事後分配 \propto f(\beta, \sigma, r_1 \mid x_1)\, f(\beta, \sigma, r_2 \mid x_2) \cdots f(\beta, \sigma, r_{20} \mid x_{20}) \frac{1}{\sqrt{2\pi}10} e^{-\frac{\beta^2}{200}} \cdots (1)$$

這是此處正在調查的階層貝氏法的主要式子。

本章第 4、5 節是將此 (1) 式以稱為經驗貝氏法的手法加以處理，是最大概似估計法與貝氏統計的折衷方案。本節是利用階層貝氏法的「正面進攻法」的 MCMC 法。

MCMC 法是有效率的求出擬似所給予之分配函數的點列手法。此處，即使在 MCMC 法之中也是利用 Excl 就能簡單計算的 Metropolis 法。

（註）有關 MCMC 法的詳細情形，參照第 6 章及附錄 G, H。

1. 以 Metropolis 法計算

　　如第 6 章所說明，Metropolis 法即使分配函數複雜也很容易應對，而且也能以 Excel 簡單計算。(1) 式是複雜的式子，但照樣能以 Metropolis 法應對。應用 Excel 的詳細計算於下節介紹，試著從事後分配 (1) 式進行抽樣，從所得到的點列去計算母數的平均值。此處進行 5000 次抽樣，其中最初的 1000 次捨棄，採用剩下的 4000 次，估計各母數的平均值。

數據 NO.	實際數據	計算值			
		個別能力 γ	共同能力 β	得分率 q	期待得分
1	1	-1.66	0.00	0.16	2
2	0	-2.54	0.00	0.07	1
3	10	4.68	0.00	0.07	1
4	4	-0.52	0.00	0.37	4
5	10	5.72	0.00	1.00	10
6	10	4.47	0.00	0.99	10
7	10	3.58	0.00	0.97	10
8	6	0.58	0.00	0.64	6
9	4	-0.40	0.00	0.60	4
10	10	3.53	0.00	0.97	10
11	1	-2.76	0.00	0.06	1
12	9	2.34	0.00	0.91	9
13	0	-2.15	0.00	0.04	0
14	5	0.26	0.00	0.56	6
15	10	2.83	0.00	0.94	9
16	7	0.65	0.00	0.66	7
17	1	-2.40	0.00	0.08	1
18	9	2.36	0.00	0.91	9
19	2	-1.89	0.00	0.13	1
20	8	1.62	0.00	0.83	8
平均	5.85	0.87	0.00	0.59	5.90
變異表	14.53	7.20	0.00	0.14	13.59

試抽取所得出的期待分數的平均數與變異數。可以確認與實際的數據相一致。

	實際數據	計算值
平均	5.85	5.90
變異數	14.53	13.59

下圖是表示得分分配,與實際數據非常接近。

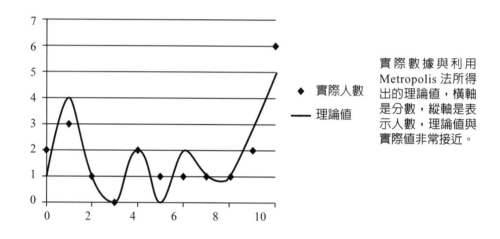

實際數據與利用 Metropolis 法所得出的理論值,橫軸是分數,縱軸是表示人數,理論值與實際值非常接近。

2. 計算結果符合常識性

　　將先前的計算結果按實際數據順序重排看看。個人能力 γ 大的學生,獲得好的分數;個人能力 γ 小的學生,獲得壞的分數,顯示如此的常識性結果。

7.7 以 MCMC 法解說 Excel 試算表

以下介紹應用第 5 章所解說的 Metropolis 法來求出前節結果的 Excel 試算表。此即針對如下表示之事後分配的函數,進行抽選即可。

$$事後分配 = f(\beta, \sigma, \gamma_1 \mid x_1)\, f(\beta, \sigma, \gamma_2 \mid x_2) \cdots f(\beta, \sigma, \gamma_{20} \mid x_{20})\, \frac{1}{\sqrt{2\pi} \times 10}\, e^{-\frac{\beta^2}{200}} \cdots (1)$$

此處

$$f(\beta, \sigma, \gamma_i \mid x_i) = 10 \, (\chi_i \, q_i^{x_i} \, (1 - q_i)^{10 - x_i}) \frac{1}{\sqrt{2\pi}\sigma} e^{-\frac{\gamma_i^2}{2\sigma^2}}$$

$$(\, q_i = \frac{1}{1 + e^{-\beta - \gamma_i}}\,) \cdots (2)$$

$x_1, x_2, \cdots x_{20}$ 是號碼 1, 2, $\cdots$, 20 的學生得分。

一、準備七張工作表

要以 Excel 執行 Metropolis 法，如第 5 章所說明，最好先準備好取名爲「原始」、「P 原始」、「ε」、「備選」、「P 備選」、「新舊機率比」、「抽樣」的 7 張表。

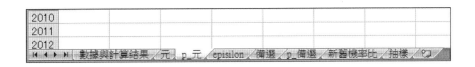

（註）「數據與計算結果」試算表是將數據與所得結果加以整理，與演算無關。

二、依照下列步驟

以 Excel 實現 Metropolis 法，無論多麼複雜的分配都是相同的方法。與第 5 章一樣，依照下列步驟操作看看。

1. 設定初期值

在「原始」的試算表中，指定成爲「第一步」的場所，這是對應設定馬可夫鏈的初期值。

	A	B	C	D	E	F	G	H	I
			C3		f_x	3			
1		metropolis法…現位置之確認							
2									
3		初期位置	3	1	0	0	0	0	0
4									
5									
6									
7		次數	σ元	β元	r元1	r元2	r元3	r元4	r元5
8		1							
9		2							
10		3							
11									

2. 確定現在位置之值

在「原始」試算表上，確認現在位置。

	A	B	C	D	E	F	G	H	I
			C8		f_x	=C3			
1		metropolis法…現位置之確認							
2									
3		初期位置	3	1	0	0	0	0	0
4									
5									
6									
7		次數	σ元	β元	r元1	r元2	r元3	r元4	r元5
8		1	3.0000	1.0000	0.0000	0.0000	0.0000	0.0000	0.0000
9		2							
10		3							

3. 計算現在位置的機率

在「P 原始」試算表中，求出 (2) 式的 $f(\beta, \sigma, \gamma_i \mid x_i)$。為了簡化計算，省略比例常數的部分。另外，事後分配 (1) 未必要計算。如計算 (1) 式時，會發生電腦計算特有的「四捨五入的誤差」、「位數落差」。

	B	C	D	E	F	G	H	I	J	K	L	M	N	O
		E8		f_x	=(1+EXP(-$D8-元!E8))^(-E$3)*(1+EXP($D8+元!E8))^(-E$4)*EXP(-(元!E8^2)/$C8)/ABS(元!$C8)								
1	metropolis法…計算現位置之機率												
2			數據No	1	2	3	4	5	6	7	8			
3	滿分n		k	1	0	10	4	10	10	10	6			
4	10		n-k	9	10	0	6	0	0	0	4			
5			nCk	10	1	1	210	1	1	1	210			
6														
7	次數	2σ²	β	p元1	p元2	p元3	p元4	p元5	p元6	p元7	p元8			
8		18	1	1.79E-06	7E-07	0.0145	3.6E-05	0.0145	0.0145	0.0145	0.000266			

4. 隨機確定下一步

在「ε」試算表上，求出下一步。此處應用常態亂數求出下一步。相當於求出隨機漫步時的步幅與其方向。

	E8			f_x	=NORMINV(RAND(),0,E$5)				
	A	B	C	D	E	F	G	H	I	J
1		metropolis法…以常態亂數發生迷步寬度								
2										
3										
4										
5		ε標準差	0.5	0.2	0.2	0.2	0.2	0.1	0.1	0.1
6										
7		次數	ε_σ	ε_β	ε_r1	ε_r2	ε_r3	ε_r4	ε_r5	ε_r6
8		1	0.160016	0.050993	-0.03803	-0.41972	0.201824	0.121949	0.10382	-0.24077
9		2								
10		3								

5. 確定備選位置

在「備選」試算表上，將步驟2的原始試算表的現在位置，加上步驟4的「下一步」，當作備選位置。相當於「眺望」下一個步驟的備選位置（是否進入下一個步驟，以步驟8決定）。

	E8			f_x	=元!E8+episilon!E8				
	A	B	C	D	E	F	G	H	I	J
1		metropolis法…確定備選位置								
2										
3										
4										
5										
6										
7		次數	σ備選	β備選	r備選1	r備選2	r備選3	r備選4	r備選5	r備選6
8		1	2.739463	0.962623	-0.49259	0.036908	0.000914	-0.04514	-0.07174	-0.02041
9		2								
10		3								

6. 計算備選位置的機率

在「P備選」試算表，求出 (2) 式的 $f(\beta, \sigma, \gamma_i \mid x_i)$。為了簡化計算，省略比例常數。此處也與步驟3相同，事後分配 (1) 是未必要計算。如計算 (1) 式時，會發生電腦計算特有的「四捨五入的誤差」、「位數落差」。

| E8 | | f_x | =(1+EXP($D8-備選!E8))^(-E$3)*(1+EXP($D8+備選!E8))^(-E$4)*EXP(-(備選!E8^2)/$C8)/ABS(備選!$C8) |

	A	B	C	D	E	F	G	H	I	J	K	L	M
1		metropolis法…計算備選位置之機率											
2			數據No		1	2	3	4	5	6	7	8	
3		滿分n		k	1	0	10	4	10	10	10	6	
4		10		n-k	9	10	0	6	0	0	0	4	
5				nCk	10	1	1	210	1	1	1	210	
6													
7		次數	$2\sigma^2$	β	p備選1	p備選2	p備選3	p備選4	p備選5	p備選6	p備選7	p備選8	
8		1	11.382	1.0493	1.14E-06	5.79E-07	0.01034	3.53E-05	0.019862	0.018198	0.018938	0.000285	
9		2											
10		3											

7. 計算現在位置與備選位置的機率比 γ

在「折舊機率比」試算表，求出步驟③與⑥所得出的現在位置與備選位置的機率值之比。此即，求出第 5 章第 5 節所調查的機率比 $\gamma = \dfrac{p(x')}{\rho(x_i)}$。但不是由事後分配 (1) 式直接求出，首先計算 (2) 式所表示的函數比 $\dfrac{f(\beta', \sigma', \gamma'_i \mid x'_i)}{f(\beta, \sigma, \gamma_i \mid x_i)}$，最後再求出 (1) 式的機率比 γ。此處加上「'」之值即為步驟 6 所求知備選之值。不直接求出 (1) 式而是求機率比 γ，是爲了減少「四捨五入誤差」、「位數落差」。

| D8 | | f_x | =p_備選!E8/p_元!E8 |

	A	B	C	D	E	F	G	H
1		metropolis法…計算現位置與備選位置之機率比						
2								
3								
4								
5								
6								
7		次數	元備機率比	β備選/元_1	r備選/元_1	r備選/元_2	r備選/元_3	r備選/元_4	r備選/元_5
8			7.898E-13	568751.3852	0.24547471	0.809878537	4.150941919	1.195175083	1.588616901

8. 執行抽選

取決於步驟 7 所得出之機率比 γ 之值，決定將用現在位置之值或是備選值。

	A	B	C	D	E	F	G	H	I	J	K
			C8	▼	f_x	=IF(新舊機率比!B8>=1,1,IF(RAND( )<新舊機率比!B8,1,0))					
1		metropolis法…抽樣									
2											
3											
4		更新率									
5		0.489									
6											
7		次數	更新	σ決定	β決定	r₁決定1	r₂決定2	r₃決定3	r₄決定4	r₅決定5	r₆決定6
8		1	1	1	1	1	1	1	1	0	0
9		2									
10		3									

9. 重複步驟 2～8

　　將步驟 8 所決定的抽樣值，在步驟 2 的下一列中設定，只要在目的之個數範圍內，重複前面步驟 2～8 的操作（抽選）。亦即，只要在想建立的樣本個數範圍內，就各試算表將目的函數複製所需列份數。並且將初期樣本當作崩應（Burn-In）忽略。

　　以上完成了 Metropolis 法的試算表。

〈**Memo**〉以機率 γ 實現 $x_{i+1} = x'$ 的邏輯

Metropolis法是以如下的邏輯決定是否抽出備選位置 x'（第6章第5節）。

$$
\begin{aligned}
&\text{如 } P(x') \geq P(x_t)\text{，則 } x_{i+1} = x' \\
&P(x') < P(x_t)\text{，則 }
\begin{cases}
\text{機率}\gamma\text{，} x_{t+1} = x' \\
\text{機率 } 1-\gamma\text{，} x_{t+1} = x_t
\end{cases}
\end{aligned}
$$

此方格的後半即，

$$
\text{如 } P(x') \geq P(x_t)\text{，則 }
\begin{cases}
\text{機率}\gamma\text{，} x_{t+1} = x' \\
\text{機率 } 1-\gamma\text{，} x_{t+1} = x_t
\end{cases}
$$

要如何實現呢？

以 Excel 實現此邏輯是很簡單的，此即在步驟 8 的試算表中利用函數的組合。

$$\text{IF(RAND ( ) < ratio, 1, 0)} \cdots \text{(i)}$$

此處 ratio 表示收藏上記方框之中的 γ 的儲存格位置，RAND( ) 是輸出 0 到 1 的均一分配的亂數。

因此，此函數 (i) 中，以機率 γ 算出 1，以機率 $1 - \gamma$ 算出 0，如此，即可決定是否在 0 或 1，抽出備選位置 x'。

第8章 貝氏估計與貝氏決定

試著將貝氏理論應用於母數的估計與行動的決定上。本章調查最小事後期待損失的原理，使用此原理，即可統一地理解估計與決定。

8.1 事後期待損失最小化，是貝氏學派的估計、決定的基本
以估計的一般論來說，期待損失最小化的原理是什麼？

統計的估計、決定是從機率面的資訊決定未知的值。所謂「貝氏估計」是指使用從貝氏的定理所得到的事後機率與事後分配，以最適切的方式決定不明之值。

以往以母數（Parameter）的估計值來說，個別介紹了平均值與最大概似值，此處決定調查這些分配的代表值的估計值。

從結論來說，這些代表值是使用「期待損失最小化」的一種原理是可以理解的。

（註）「估計」也可想成是「決定」。雖然意義上有所不同，但如解釋為「選擇最適者」時，兩者在邏輯上是同一件事情。

一、損失函數的一般論

母數 θ 的估計值當作 a，取決於此 a 偏離真值的程度而給予處罰正是損失函數（Loss function）的想法。最良估計值 a 想成是使損失函數的平均值成為最小之值，此即為期待損失最小化的原理。

（註）平均值也稱為期待值，期待損失也可稱為平均損失。

對此損失函數來說，以下三個函數甚為有名。

1. 平均損失函數：$L(\theta, a) = (a - \theta)^2$

2. 絕對損失函數：$L(\theta, a) = |a - \theta|$

3. 均一損失函數：$L(\theta, a) = \begin{cases} 0(|a - \theta| \leq \Delta) \\ 1(|a - \theta| > \Delta) \end{cases}$

（註）均一損失函數有的文獻也稱為「單純損失函數」。

　　平均損失函數是對估計值的偏離程度以平方倍的比例給予處罰；的絕對損失函數是按偏離程度成比例的給予處罰；均一損失函數容許微小範圍（Δ）內的誤差，如超過它即均等地給予處罰。

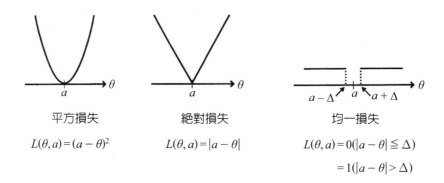

平方損失　　　　　　絕對損失　　　　　　均一損失

$L(\theta, a) = (a - \theta)^2$　　$L(\theta, a) = |a - \theta|$　　$L(\theta, a) = 0(|a - \theta| \leqq \Delta)$
　　　　　　　　　　　　　　　　　　　　$= 1(|a - \theta| > \Delta)$

二、利用期待損失最小化的代表值

　　取決於採用的損失函數，它的估計值也有不同，整理成下表：

損失函數	估計值
平方損失	平均值
絕對損失	中央值
均一損失	眾數，亦即分配函數的最大值

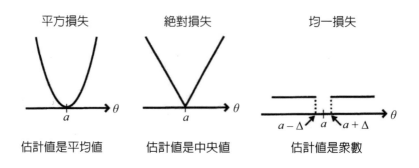

平方損失　　　　　　絕對損失　　　　　　均一損失

估計值是平均值　　　估計值是中央值　　　估計值是眾數

如此，機率分配的代表值即平均值、中央值、眾數，即可統一理解。

三、事後期待損失最小化

貝氏理論是從事後機率或事後分配取得資訊，因此，貝氏的估計法（略稱貝氏估計）是從此事後機率（或事後分配）所求出的損失函數的平均值（亦即期待損失），使之成為最小之下決定估計值。此稱為**事後期待損失最小化**的原理，成為貝氏學派的估計、決定的基本。

四、平均值與 MAP 估計值

如前頁所調查的，如選擇平方損失當作損失函數時，使期待損失成為最小之值即為平均值。與其他的統計學的領域一樣，即使貝氏估計也經常利用此平均值當作母數的估計值，與過去的統計學不同的只是使用事後分配當作求算平均值的分配函數。

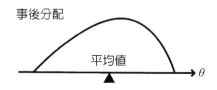

平均值是表示分配的平衡位置。採用事後分配的平衡位置即為使用平均值的貝氏估計。

損失函數如選擇均一損失時，使期待損失成為最小之值即為眾數。將此值當作母數的估計值的方法稱為**最大事後機率估計法**（Maximum a posteriori estimation method，簡稱 MAP 估計法），以該方法所得到的估計值稱為 MAP 估計值。

簡單來說，「將分配成為最大之值當作估計值」的方法即為 MAP 估計，此想法雖然也使用最大概似估計法，但不同的地方是使用事後機率作為機率分配。

MAP 估計值是設定分配的頂點。與最大概似估計法不同的是，使用事後分配當作機率分配。

五、以例題來調查看看

利用事後機率使期待損失成為最小之「決定估計值」，將此稱為「事後期待損失最小化的原理」，此即為貝氏學派的估計法原理，以它的代表來說，有平均值與 MAP 值。以「硬幣幾次正面之機率」此問題來調查看看。

例 8.1 有一枚正面出現的機率為 θ 的硬幣。當投擲硬幣 3 次時，假定正面連續出現 3 次。此時，試調查正面出現機率 θ 的事後分配，再求平均值與 MAP 值，但已知正面出現的機率 θ 的事前分配是 Beta 分配 Be (2,2)。

---

1. 調查事後分配

貝氏理論是從求事後分配開始，此例題的事後分配如前所調查即為 Beta 分配 Be (5, 2)。亦即，事後分配設為 $\pi(\theta\,|\,D)$ 時，亦即

$$\pi(\theta\,|\,D) \infty\, \theta^{5-1}(1-\theta)^{2-1}$$

試以圖表顯示此事後分配看看。

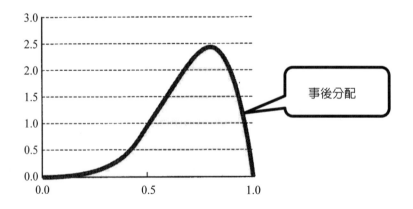

使用 Beta 分配的公式（以下的〈Memo〉），依據最小事後期待損失求算估計值，亦即平均值與眾數（MAP 估計值）看看。

使用平均值時的估計值（平均值）＝$\dfrac{5}{5+2}=\dfrac{5}{7}≒0.714$

使用均一損失時的估計值（MAP 估計值）$0.8=\dfrac{5-1}{5+2-2}=\dfrac{4}{5}=0.8$

試將這些記入先前的圖形中。

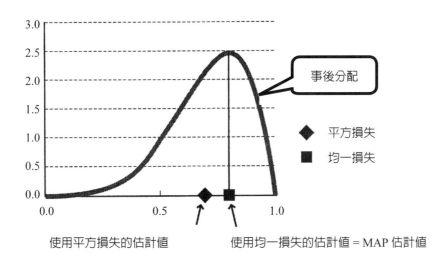

如圖形所示，請留意損失函數不同時，估計值即不同。

〈Memo〉Beta 分配的公式

Beta 分配的機率密度函數 f(x) 是如下所設定的分配。

$$f(x)=kx^{p-1}(1-x)^{q-1}\;(k\text{ 為常數}，0<x<1，0<p，0<q)$$

$$k=\dfrac{1}{B(p,q)}\;(B(p,q)\text{ 為 Beta 函數})$$

平均值 μ、變異數 σ^2 與眾數 M 如下表示：

$$\mu=\dfrac{p}{piq}，\sigma^2=\dfrac{pq}{(p+q)^2(p+q+1)}，M=\dfrac{p-1}{p+q-2}$$

2. 以 Excel 來表現看看

(1) 事前分配的設定

設定 Beta 分配 Be（2,2）當作事前分配 $\pi(\theta)$。

	A	B	C	D	E	F
1	硬幣正面出現之機率的分配					
2	(1) 事前分配Be(p，q)					
3		p	2			
4		q	2			

(2) 輸入數據，計算最大概似

投擲硬幣「連續 3 次出現正面」的數據如下設定。由此數據可得出最大概似 $f(\mathrm{D} \mid \theta) = \theta^3$。

	A	B	C	D	E	F
6		(2) 硬幣的正反				
7		次數	正反			
8		1次	正		實驗次數	3
9		2次	正		正面次數	3
10		3次	正			
11		4次				

(3) 事後分配的計算

輸入自然共軛分配的公式。

	A	B	C	D	E	F
19		(3) 事後分配Be(p'，q')				
20		p	2		平均值	0.714
21		q	5		變異數	0.026
22					眾數	0.800

將最大概似 $f(\mathrm{D} \mid \theta) = \theta^3$，以及將 p＝2 和 q＝2 代入 Beta 分配 Be（2, 2）時，事前分配 $\pi(\theta)$ 即可如下設定。

$$事前分配\ \pi(\theta) = k\theta^{2-1}(1-x)^{2-1} \propto \theta(1-\theta)$$

以及將最大概似與事前分配代入

$$\pi(\theta|D) \propto f(D|\theta)\pi(\theta)$$

得出

$$事後分配\ \pi(\theta|D) \propto \theta^3 \times \theta(1-\theta) \propto \theta^{5-1}(1-\theta)^{2-1}$$

此與 Beta（5, 2）一致。

(4) 計算估計值

按各損失函數利用最小事後期待損失的原理計算估計值。試確認估計值依估計法而有不同。

	A	B	C	D	E
19		(3) 事後分配Be(p'，q')			
20		p	2		
21		q	5		
22					
23		(4) 估計值算出			
24		損失函數	事後期待值		
25		平方損失	0.286	(平均值)	
26		均一損失	0.200	（MAP估計值）	

使用 Beta 分配的公式求出平均值與 MAP 估計值

(5) 以其他的數據調查看看

譬如，將 1 個硬幣投擲 5 次，試調查按正、正、正、反、反的順序出現的情形。依據平方損失與絕對損失的估計值（亦即平均值（÷0.566））與眾數（÷0.5771））的差異是在減少著。如數據增加時，利用此 2 種估計法所得出的差異呈現縮小是可以被確認的。

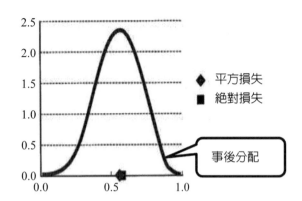

平方損失
絕對損失

事後分配

硬幣出現正、正、正、反、反時,正面出現機率 0 的估計值。數據如增加時,2 種估計值之差呈現縮小。

3. 觀察工作表

工作表顯示如下。

	A	B	C	D	E	F
1		**利用最小事後期待損失的估計**				
2		(1) 事前分配Be(p,q)				
3		p	2			
4		q	2			
5						
6		(2) 硬幣的正反				
7		次數	正反			
8		1次	正		實驗次數	3
9		2次	正		正面次數	0
10		3次	正			
11		4次				
12		5次				
13		6次				
14		7次				
15		8次				
16		9次				
17		10次				
18						
19		(3) 事後分配Be(p',q')				
20		p	2			
21		q	5			
22						
23		(4) 估計值算出				
24		損失函數	事後期待值			
25		平方損失	0.286	(平均值)		
26		均一損失	0.200	(MAP估計值)		

將事後分配 Be(p+r,q+n-r) 當作計算式輸入

C25, C26 依序如下設定
= C20/(C20+C21)
= (C20-1)/(C20+C21-2)

〈**Memo**〉單純損失的Δ之值

　　當離散的機率變數時，Δ是取比機率變數間隔的最小值還小之值（此時，損失函數與 0-1 損失的表同義）。連續型的機率變數時，Δ是想成無限接近 0 之值。

8.2　MAP 估計文字類型
在類型認知的世界中活躍的貝氏理論

　　前節列舉了「MAP 估計法」的具體例。簡單地說，MAP 估計法是估計「使事後機率成為最大的母數值當作真值」的一種想法。此處列舉類型認知的問題來說明。

一、以 MAP 估計法認知文字類型

　　就像讀取明信片上所寫的郵遞區號那樣，試考察以 MAP 估計法讀取手寫數字的原理。一種方法是將以往取得的許多數字如下圖那樣按水平方向分割。

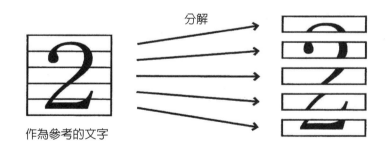

分解

作為參考的文字

　　接著，以估計的方式調查各分割部分所出現的類型，在 0～9 的各數字上是以多少的比率出現。譬如，最上方的「∩」的類型，各數字是以多少比率出現，如下表作出調查，此比率可以當作最大概似 $P(D\,|\,\theta)$ 來利用。

數字 θ	0	1	2	3	4	5	6	7	8	9
P(D|θ)	0.740	0.000	0.880	0.770	0.000	0.074	0.370	0.037	0.555	0.555

其次，調查各數字的利用次數。如果是郵遞區號，「1」是最常出現的，但與之相比，「9」是最不常出現的數字，此統計法當作「事前機率」P(θ) 加以利用。

數字 θ	0	1	2	3	4	5	6	7	8	9
P(θ)	0.160	0.180	0.140	0.120	0.100	0.090	0.070	0.050	0.050	0.030

基於以上的準備，解析實際的數字。首先，與先前一樣，將所給予的數字按水平方向分割成小切片。

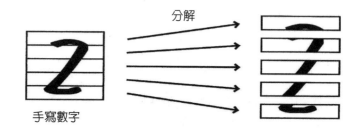

其次，按每小切片求出該類型所出現的機率。此機率的計算可以利用貝氏定理。接著，就整個部分求聯合機率，將最大者估計成該數字的真正數字，此即 MAP 估計。

二、以具體例調查看看

為了理解以上的想法，試考察以下的簡單例題。

例 8.2　在某文件中，如以統計的方式調查了數字 0～9 所出現的機率時，如下表中段 P(θ) 所顯示的那樣。

數字 θ	0	1	2	3	4	5	6	7	8	9
P(θ)	0.160	0.180	0.140	0.120	0.100	0.090	0.070	0.050	0.050	0.030
P(D|θ)	0.740	0.000	0.880	0.777	0.000	0.074	0.370	0.037	0.555	0.555

> 接著，將該文件中所出現的數字如圖那樣按水平方向分割成小切
> 片，如按統計的方式調查了最上面部分「∩」的文字類型所出現的
> 機率時，此顯示在此表的最下方 $P(D|\theta)$。
> 今該文件上有難以閱讀的數字，假定最上方的切片部分只被判讀為
> 「∩」。試以 MAP 估計符合該數字 θ 的真正數字。

　　雖然有些嘮叨，但要先確認問題的意思。在數字最上方的小切片部分，有出現「∩」類型的可能性者，是「0」與「2」。憑藉著想調查的數字 θ 最上方部分出現的「∩」來估計此數字是「0」與「2」之中的何者？

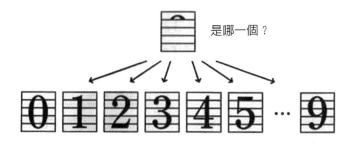

1. 計算事後機率

　　試使用所提供的表計算事後機率，亦即，利用如下的貝氏基本公式：

$$P(\theta|D) = \frac{P(D|\theta) * P(\theta)}{P(D)}$$

求事後機率 $P(\theta|D)$（下表最下段）。

數字	0	1	2	3	4	5	6	7	8	9
$P(\theta)$	0.160	0.180	0.140	0.120	0.100	0.090	0.070	0.050	0.050	0.030
$P(D|\theta)$	0.740	0.000	0.880	0.777	0.000	0.074	0.370	0.037	0.555	0.555
$P(D|\theta)P(\theta)$	0.118	0.000	0.123	0.093	0.000	0.007	0.026	0.002	0.028	0.017
$P(\theta|D)$	0.286	0.000	0.298	0.225	0.000	0.016	0.063	0.004	0.067	0.040

事後機率最大

2. MAP 估計的執行

所謂 MAP 估計法是將事後機率的最大者當作估計值以推估母數的方法。由此表很明顯地看出事後機率 $P(\theta|D)$ 成為最大的數字 θ 是「2」。像這樣，以 MAP 估計法，可以估計上方切片部分出現「∩」的手寫數字是「2」，此即為「解答」。

以上是真正單純地以 MAP 估計法來推估文字認知的例子。實際上，只以一小切片是無法判定「手寫數字」。如先前所述，就各切片求出事後機率，以整體來說，將事後機率成為最大的數字，當作切片「所寫數字」的估計值。

3. 以 Excel 來觀察

對於此例題的文字類型估計來說，Excel 工作表是很簡單的。從所給予的表單純地求出事後機率，再找出最大者即可。

	A	B	C	D	E	F	G	H	I	J	K	L
1		利用MAP估計的數字識別										
2												
3		數字 θ	0	1	2	3	4	5	6	7	8	9
4		$P(\theta)$	0.160	0.180	0.140	0.120	0.100	0.090	0.070	0.050	0.050	0.030
5		$P(D|\theta)$	0.740	0.000	0.880	0.777	0.000	0.074	0.370	0.037	0.555	0.555
6		$P(D|\theta)P(\theta)$	0.118	0.000	0.123	0.093	0.000	0.007	0.026	0.002	0.028	0.017
7		$P(\theta|D)$	0.286	0.000	0.298	0.225	0.000	0.016	0.063	0.004	0.067	0.040
8												
9		MAP估計值	2									

事後機率最大者當作估計的數字

事後機率最大

由上面列相乘而得。對應此列的最大值可當作 MAP 估計值

4. 觀察工作表

以上所顯示的工作表即為本節的整體，因此省略解說。不妨改變事前機率 $P(\theta)$ 與最大概似 $P(D|\theta)$，查明 MAP 估計值改變的情形。

8.3　從樣本估計洋芋片內容量的分配函數
在貝氏統計中母體分配的估計法

試調查母數的估計法。此處試以貝氏估計樣本資料所服從的母體的機率密度函數。

以母體的機率密度函數的簡易估計法來說，可以想到如此的方法，即將估計好的母數代入母體的機率密度函數的母數中。可是，這並不是「貝氏」的作法，設想「已確定的母數是存在的」想法是古典的探討方式，貝氏的探討方式是母數以機率密度函數來設定。

此處，透過以下例題來觀察「貝氏」方式的機率密度函數的統計法。

例 8.3　從餅乾工廠所製造的 100g 含量的洋芋片抽出 3 袋，重量分別為 100g、102g、104g。可以假定此產品的重量服從常態分配。另外，已知此產品重量的變異數是 1，試估計此產品的母體的機率密度函數。

---

1. 求出事後分配

可以假定產品的重量 X 的機率密度函數服從如下的函數：

$$f(x|\mu) = \frac{1}{\sqrt{2\pi}} e^{-\left(\frac{x-\mu}{2}\right)^2} \cdots (1)$$

接著，事前分配假定為

$$\pi(\mu) = \frac{1}{\sqrt{2\pi \times 3}} e^{-\frac{(\mu-100)^2}{2 \times 3}}$$

事後分配可得出如下：

$$\pi(\mu|D) \propto e^{-\frac{1}{2 \times 0.3}(\mu - 101.8)^2} \cdots (2)$$

亦即，得知事後分配是平均 101.8，變異 $(\sqrt{0.3})^2$ 的常態分配。

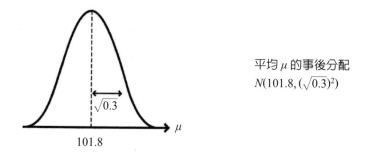

平均 μ 的事後分配
$N(101.8, (\sqrt{0.3})^2)$

2. 就機率密度函數的母數取平均

回到原來的話題。進行貝氏方式的估計必須活用 (2) 式。因此，就所假定的母體的機率密度函數 (1)，以事後分配 (2) 取平均看看。基於從數據 D 所估計的機率密度函數，將此記成

$$f(x|D) = f_\mu \frac{1}{\sqrt{2\pi}} e^{-\frac{(x-\mu)^2}{2}} \frac{1}{\sqrt{2\pi} \times \sqrt{0.3}} e^{-\frac{1}{2 \times 0.3}(\mu-101.8)^2} du$$

經簡單的計算得出

$$f(x|D) = \frac{1}{\sqrt{2\pi}\sigma_2} e^{-\frac{(x-\mu_2)^2}{2\sigma_2^2}} \ (\mu_2 = 101.8 \ 、 \ \sigma_2^2 = 1 + 0.3 = 1.3) \ \cdots \ (3)$$

此即為例題的解答。

如此解答那樣，將所求出的母體的估計分配稱為期待估計分配。此期待估計分配雖然是常態分配，但因為是那樣假定所以是理所當然的，而且，此期待估計分配的平均值與 μ 的事後分配的平均值（= 101.8）一致，在直覺上也是很明顯的。

但要注意的是，變異數比初期的假定式 (1) 還大，亦即，期待估計分配的圖形，比所假定的母體分配還要真實，取平均後，資訊會有些模糊失焦。

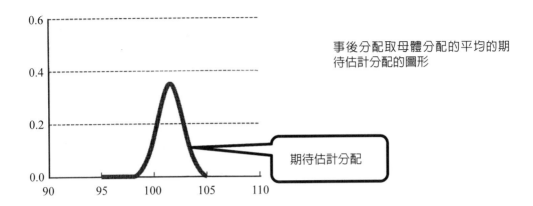

事後分配取母體分配的平均的期
待估計分配的圖形

期待估計分配

3. 觀察 MAP 所估計的母體分配

如先前所述，將由事後分配 (2) 所求的平均值 μ 的 MAP 估計值代入母體分配 (1) 的方法，當作母體分配的估計法是存在的。

實際上，平均值的 MAP 估計值由 (2) 式知是 101.8，將此代入 (1) 式，即可得出如下的 MAP 所估計的機率密度函數。

$$f(x|\mu_{MAP}) = \frac{1}{\sqrt{2\pi}} e^{-\frac{(x-101.8)^2}{2}} \cdots ④$$

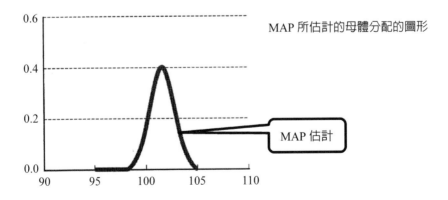

MAP 所估計的母體分配的圖形

MAP 估計

圖形是比貝氏估計的期待估計分配稍為尖凸。採用 (3)、(4) 的何者，取決於處理問題的嚴密性。

4. 以 Excel 來觀察看看

(1)～(5) 是數據輸入,求算事後分配。

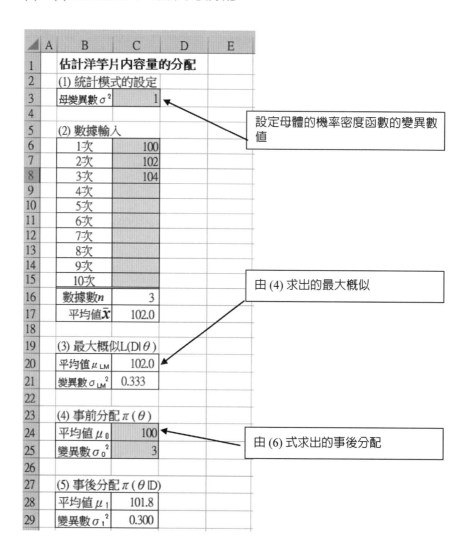

5. 求期待估計分配

因 Excel 是無法進行正確的積分計算,故於〔專欄〕中表示公式。如使用該公式時,所假定的母體分配是 $N(\mu, \sigma^2)$,當事後分配是 $N(\mu_1, \sigma_1^2)$ 時,知期待估計分配是 $N(\mu_1, \sigma^2 + \sigma_1^2)$。利用此,即可求算期待估計分配。

	A	B	C	D	E	F	G
27		(5) 事後分配 $\pi(\theta \mid D)$					
28		平均值 μ_1	101.8				
29		變異數 σ_1^2	0.300				
30							
31		(6) 估計母體常態分配			≪參考≫MAP估計		
32		平均值	101.8		平均值	101.8	
33		分散	1.30		變異數	1.00	

正統的貝氏理論中，事後分配的平均是可以取得的。利用專欄的公式求出。

6. 製作機率密度函數（分配函數）表，繪製圖形

為了利用 Excel 的繪圖機能，將機率密度函數數表化。

	A	B	C	D	E	F	G
31		(6) 估計母體常態分配			≪參考≫MAP估計		
32		平均值	101.8		平均值	101.8	
33		分散	1.30		變異數	1.00	
34							
35		(7) 分配函數表					
36		x	期待估計分配	MAP估計			
37		95.00	0.00	0.00			
38		95.25	0.00	0.00			
39		95.50	0.00	0.00			
40		95.75	0.00	0.00			
41		96.00	0.00	0.00			

從上方所求出的平均值與變異數求分配之值。

依據上表，同時畫出期待估計分配 (3) 與 MAP 估計分配。

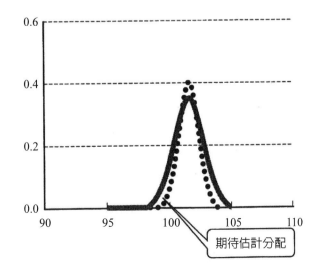

期待估計分配

7. 改變數據看看

　　試改變數據看看。譬如，如下圖所示，輸入 10 個當作數據。於是，期待估計分配的變異數變得比先前的例子還小。

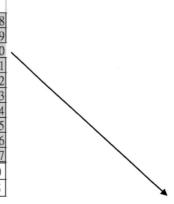

	A	B	C
5		(2) 數據輸入	
6		1次	98
7		2次	99
8		3次	100
9		4次	101
10		5次	102
11		6次	103
12		7次	104
13		8次	105
14		9次	106
15		10次	107
16		數據數n	10
17		平均值$\bar{x}$	102.5

	A	B	C	D	E	F	G
31		(6) 估計母體常態分配			≪參考≫MAP估計		
32		平均值	102.4		平均值	102.4	
33		分散	1.10		變異數	1.00	

　　下圖是將此期待估計分配與 MAP 估計分配一起繪圖，因數據數有所增加，因此可以確認兩估計法變得一致。

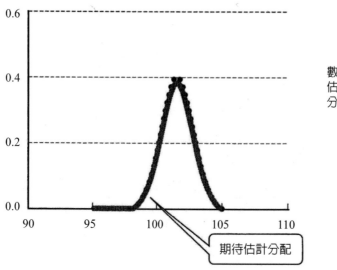

數據數增加時，期待估計分配與 MAP 估計分配即一致

期待估計分配

8. 觀察工作表

工作表顯示如下，省略圖形繪製部分。

	A	B	C	D	E	F	G
1		估計洋芋片内容量的分配					
2		(1) 統計模式的設定					
3		母變異數 σ^2	1				
4							
5		(2) 數據輸入					
6		1次	100				
7		2次	102				
8		3次	104				
9		4次					
10		5次					
11		6次					
12		7次					
13		8次					
14		9次					
15		10次					
16		數據數 n	3				
17		平均值 $\bar{x}$	102.0				
18							
19		(3) 最大概似 L(D$\mid\theta$)					
20		平均值 μ_{LM}	102.0				
21		變異數 σ_{LM}^2	0.333				
22							
23		(4) 事前分配 $\pi(\theta)$					
24		平均值 μ_0	100				
25		變異數 σ_0^2	3				
26							
27		(5) 事後分配 $\pi(\theta\mid D)$					
28		平均值 μ_1	101.8				
29		變異數 σ_1^2	0.300				
30							
31		(6) 估計母體常態分配		≪參考≫MAP估計			
32		平均值	101.8	平均值	101.8		
33		分散	1.30	變異數	1.00		
34							
35		(7) 分配函數表					
36		x	期待估計分配	MAP估計			
37		95.00	0.00	0.00			
38		95.25	0.00	0.00			
39		95.50	0.00	0.00			
40		95.75	0.00	0.00			

利用專欄的公式的 (2)

利用上面所求出的估計結果以 Excel 函數 MORNDIST 求出值

〈專欄〉從事後分配估計常態母體分配的公式

母體分配 $f(x|\mu) = \dfrac{1}{\sqrt{2\pi}\sigma} e^{-\left(\frac{x-\mu}{2\sigma^2}\right)^2}$，事前分配 $\pi(\mu) = \dfrac{1}{\sqrt{2\pi}\sigma_0} e^{-\frac{(x-\mu_0)^2}{2\sigma_0^2}}$

事後分配為

$$\pi(\mu|D) = \frac{1}{\sqrt{2\pi}\sigma_1} e^{-\frac{(\mu-\mu_1)^2}{2\sigma_1{}^2}} \cdots (5)$$

$$\mu_1 = \frac{\dfrac{n\bar{x}}{\sigma^2} + \dfrac{\mu_0}{\sigma_0{}^2}}{\dfrac{n}{\sigma^2} + \dfrac{1}{\sigma_0{}^2}} \quad \sigma_1{}^2 = \frac{1}{\dfrac{n}{\sigma^2} + \dfrac{1}{\sigma_0{}^2}}$$

此處（n為數據數，為其平均值）

期待估計分配

$$f(x|D) = \int_\mu f(x|\mu)\pi(\mu|D)d\mu$$

是以如下求出。

母體分配 $f(x|\mu) = \dfrac{1}{\sqrt{2\pi}\sigma} e^{-\left(\frac{x-\mu}{2\sigma^2}\right)^2}$ 以事後分配（1）估計時，它的期待估計分配

$f(x|D)$ 為

$$f(x|D) = \frac{1}{\sqrt{2\pi}\sigma_2} e^{-\frac{(x-\mu_1)^2}{2\sigma_2{}^2}} \quad （此處 \ \sigma_2{}^2 = \sigma^2 + \sigma_1{}^2） \cdots (6)$$

亦即，以事後分配（i）估計常態母體的分配時，它的期待估計分配即為常態分配 $N(\mu_1, \sigma^2 + \sigma_1{}^2)$。

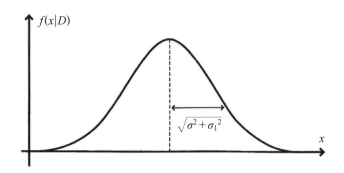

8.4　基於經驗資訊 MAP 決定計畫實施
以事後機率最大作爲原理的貝氏定理決定方式

　　本節與下節是想調查稱爲貝氏決定的想法。

　　貝氏理論是根據事後機率進行估計與決定的理論，因此，即使是「貝氏決定」，與前節所調查的貝氏估計一樣，在原理上不需要加上新的內容，但從決定這句話也可明白，「選擇」的要素是要被引進的。

　　譬如，在以下的貝氏展開公式中，將假定 Hi 的部分解釋成所選擇的「狀態 Hi」。「假定 Hi 成立時」的假設即解讀爲「狀態 Hi 被選上時」。

〔貝氏的展開公式〕

> 在各種的狀態 H_1, H_2, …
> 之中，Hi 被選

$$P(Hi|D) = \frac{P(D|Hi)\,P(Hi)\,P(Hi)}{P(D|H_1)\,P(H_1) + P(D|H_2)\,P(H_2) + \cdots + P(D|Hn)\,P(Hn)}$$

　　本節介紹使用最大事後機率估計出的決定法，此方法與 MAP 估計法相同，採用事後機率成爲最大的決定方式（此處稱爲 **MAP 決定法**）。

　　以下例題，能選擇的狀態有兩個，分別是「實施」（H_1）與「中止」（H_2），數據（D）是對應「當日的氣象」。

例 8.4 為了判斷市府的馬拉松大會能否實施,假定依據過去的事例(下表)。

事例	天氣	溫度	溫度	風	實施
1	晴	暖	高	弱	No
2	晴	暖	高	強	No
3	陰	暖	高	弱	Yes
4	雨	適	高	弱	Yes
5	雨	冷	平	弱	Yes
6	雨	冷	平	強	No
7	陰	冷	平	強	Yes

大會當日的氣象如下:

	天氣	溫度	溫度	風
當日氣象	雨	暖	高	弱

此氣象類型並無過去的事例,因此,為了儘可能忠實地服從過去事例,試著下實施的判斷看看。

以準備來說,先確認要使用的貝氏展開公式。

$$P(Hi|D) = \frac{P(D|Hi)\,P(Hi)}{P(D|H_1)\,P(H_1) + P(D|H_2)\,P(H_2)} \quad (i = 1, 2) \cdots (7)$$

1. 過去的資料整理

整理過去實施、中止的記錄,以機率的形式來表現。

	雨	暖	高	弱
實施(H_1)	$\frac{2}{4}$	$\frac{1}{4}$	$\frac{2}{4}$	$\frac{3}{4}$
中止(H_2)	$\frac{1}{3}$	$\frac{2}{3}$	$\frac{2}{3}$	$\frac{1}{3}$

表的第 1 列（表頭）的設定，是當日的氣象條件。

表的第 2 列的設定，是當出現第 1 列的氣象條件時，採行「實施」（H_1）的機率。譬如，「雨」此欄的第 2 個機率 P(雨 | H_1)，即可如下求出。亦即，過去實施的日數是 4 日，其中有雨的日子是 2 日，因此

$$P(雨 | H_1) = 「過去實施的日子中有雨的機率」 = \frac{2}{4} (= 0.5)$$

表的第 3 列的設定，是當第 1 列的氣象條件時，採行「中止」（H_2）的機率。譬如，「雨」此欄的第 3 個機率 P(雨 | H_2)，過去中止的日數有 3 日，其中有雨的日子是 1 日，因此

$$P(雨 | H_2) = 「過去中止的日子中有雨的機率」 = \frac{1}{3} (\fallingdotseq 0.333)$$

像這樣，過去的記錄以機率的表加以整理。

2. 計算最大概似

試從過去的數據針對「實施」（H_1）、「中止」（H_2）求出最大概似。此處決定利用單純貝氏分類法（naïve Bayes）的想法。亦即，假定天氣與溫度、溼度、風是相互獨立。當如此假定時，最大概似即可以各氣象條件發生的機率的乘積來求之。

H_i	計算式	最大概似
實施（H_1）	$\frac{2}{4} \times \frac{1}{4} \times \frac{2}{4} \times \frac{3}{4}$	$\frac{3}{64} (\cong 0.0469)$
中止（H_2）	$\frac{1}{3} \times \frac{2}{3} \times \frac{2}{3} \times \frac{1}{3}$	$\frac{4}{81} (\cong 0.0494)$

3. 事前機率的設定

在過去的 7 日中，有 4 日是實施，3 日中止，因此如下設定。

$$P(H_1) = p (實施) = \frac{4}{7} , \ P(H_2) = p (中止) = \frac{3}{7}$$

4. 計算事後機率，選擇最大事後機率

	最大概似事前機率	事後機率
實施（H_1）	$\dfrac{3}{64} \times \dfrac{4}{7} \cong 0.0268$	$\dfrac{0.0268}{0.0268 + 0.0212} \cong 0.5586$
中止（H_2）	$\dfrac{4}{81} \times \dfrac{3}{7} \cong 0.0212$	$\dfrac{0.0212}{0.0268 + 0.0212} \cong 0.4414$

這樣一來，最大事後機率得出是「實施」（H_1）較易實現，因此，活用過去的數據從當日的氣象條件決定實施、中止時，答案即為「實施」。

5. 以 Excel 來觀察

(1) 數據輸入

輸入過去的記錄，設定當日的氣象。

	A	B	C	D	E	F	G
1		基於經驗資訊MAP決定馬拉松大會之實施					
2		(1) 輸入過去的記錄、設定當日的氣象					
3		事例	晴雨	溫度	濕度	風	実施
4		1	晴	暖	高	弱	No
5		2	晴	暖	高	強	No
6		3	陰	暖	高	弱	Yes
7		4	雨	適	高	弱	Yes
8		5	雨	冷	並	弱	Yes
9		6	雨	冷	並	強	No
10		7	陰	冷	並	強	Yes
11							
12		當日的天候					
13		當日氣象D	雨	暖	高	弱	

(2) 最大概似的計算

將過去的記錄機率化。應用單純貝式分類的想法，將氣象條件的「晴雨」、「溫度」、「溼度」、「風」想成獨立，以它們的積來求之。

	A	B	C	D	E	F	G
15		(2) 最大概似的算出					
16		H	雨	暖	高	弱	最大概似P(*D*|*H*)
17		实施	0.5000	0.2500	0.5000	0.7500	0.0469
18		中止	0.3333	0.6667	0.6667	0.3333	0.0494

根據給予的氣象條件 (D)，假定獨立性再計算最大概似

(3) 事前機率的設定

「實施」（H_1）有 4 日，「中止」（H_2）有 3 日，因之如下設定。

	A	B	C	D
20		(3) 事前機率的設定		
21		H	事前機率	
22		实施	0.5714	
23		中止	0.4286	

即 $\frac{4}{7}$

即 $\frac{3}{7}$

〈Memo〉MAP 決定是 0-1 損失的單純決定

　　MAP 估計法是對均一損失函數應用最小事後期待損失的原則的一種估計法。決定也是一樣，使用 MAP 的決定，也是對均一損失函數應用最小事後期待損失之原則的決定法。可是，此情形的均一損失函數是什麼？以目前的例子來說，表中所表示者即為損失函數，此稱為 0-1 損失。

	損失	
	實施	中止
實施決定	0	1
中止決定	1	0

---

(4) 計算事後機率，實行 MAP 決定

利用公式 1 計算事後機率，採取機率為最大的行動。

	A	B	C	D	E	F	G
15		(2) 最大概似的算出					
16		H	雨	暖	高	弱	最大概似P(*D*I*H*)
17		實施	0.5000	0.2500	0.5000	0.7500	0.0469
18		中止	0.3333	0.6667	0.6667	0.3333	0.0494
19							
20		(3) 事前機率的設定					
21		H	事前機率				
22		實施	0.5714				
23		中止	0.4286				
24							
25		(4) 算出事後機率以MAP決定					
26		H	最大概似x事前確率	事後確率			
27		實施	0.0268	0.5586			
28		中止	0.0212	0.4414			
29							
30		MAP決定	實施				

(5) 輸入其他的數據看看

　　以其他的例子來說，輸入馬拉松大會上最壞的條件「雨」、「冷」、「高」、「強」。結果當然是「不實施」。

	A	B	C	D	E	F	G
16		H	雨	冷	高	強	最大概似P(*D*I*H*)
17		實施	0.5000	0.5000	0.5000	0.2500	0.0313
18		中止	0.3333	0.3330	0.6667	0.6670	0.0494
19							
20		(3) 事前機率的設定					
21		H	事前機率				
22		實施	0.5714				
23		中止	0.4286				
24							
25		(4) 算出事後機率以MAP決定					
26		H	最大概似x事前確率	事後確率			
27		實施	0.0179	0.4578			
28		中止	0.0212	0.5422			
29							
30		MAP決定	不實施				

6. 觀察工作表

顯示本節的工作一覽。

	A	B	C	D	E	F	G
1		基於經驗資訊MAP決定馬拉松大會之實施					
2		(1) 輸入過去的記錄、設定當日的氣象					
3		事例	晴雨	溫度	濕度	風	実施
4		1	晴	暖	高	弱	No
5		2	晴	暖	高	強	No
6		3	陰	暖	高	弱	Yes
7		4	雨	適	高	弱	Yes
8		5	雨	冷	並	弱	Yes
9		6	雨	冷	並	強	No
10		7	陰	冷	並	強	Yes
11							
12		當日的天候					
13		當日氣象D	雨	暖	高	弱	
14							
15		(2) 最大概似的算出					
16		H	雨	暖	高	弱	最大概似P(D|H)
17		実施	0.5000	0.2500	0.5000	0.7500	0.0469
18		中止	0.3333	0.6667	0.6667	0.3333	0.0494
19							
20		(3) 事前機率的設定					
21		H	事前機率				
22		実施	0.5714				
23		中止	0.4286				
24							
25		(4) 算出事後機率以MAP決定					
26		H	最大概似×事前確率	事後確率			
27		実施	0.0268	0.5586			
28		中止	0.0212	0.4414			
29							
30		MAP決定	實施				

利用 (2) 的最大概似與 (3) 的事前機率算出事後機率

選擇事後機率較大者

〈Memo〉記號 argmax

當貝式理論的文獻中，經常使用 argmax 的記號。所謂 argmax（f(x)）是指「使函數 f(x) 成爲最大的 X 之值」。在 MAP 估計等的表現中是很方便的記號。

8.5　使事後期待損失最小化的決定法是貝氏的決斷
利用事後分配法損失平均最小化的貝氏決定

「事後期待損失最小化」的原理是貝氏統計決定理論的基礎。然而，所利用的損失函數為離散時，可將它的損失函數做成表，稱此為損失表。

本節在此損失表已知時，調查事後期待損失最小化的原理如何活用於行動的決定（決策）。

例 8.5　在某事務單位任職的柯先生負責準備會議便當，但常為準備的便當數感到煩惱。在每日舉辦的許多會議中，參加者的人數比預定人數多，反之，當日取消的也有，常有強人所難之事發生。因此，柯先生將實際出席人數與便當預約人數有關的費用整理成表，為方便統計，人數以 10 人為單位。

		便當預約人數		
		10	20	30
實際出席人數 H	10	9000	13000	18000
	20	20000	18000	25000
	30	30000	30000	27000

（單位：元）

出席人數比預約人數少時，便當即會收集取消費用。又，出席人數比預約人數多時，必須在訂購價格較高的便當。

另外，柯先生調查過去的記錄，將出席人數與預定出席人數之關係做成機率表。

		出席預定人數		
		10	20	30
實際出席人數	10	0.500	0.500	0.000
	20	0.333	0.333	0.333
	30	0.000	0.333	0.667

使用此等的調查結果，以及使用何種的便當預約數的決定方式，是否可以謀求便當費用最小化，試加以調查看看。

		會議數比
實際出席人數	10	0.3
	20	0.5
	30	0.2

1. 整理問題

首先確認方式，當決定的情形中，將貝氏展開公式的假設 H 解讀成所考慮的「狀態」，亦即在貝氏的展開公式（i = 1, 2, 3）中，

$$P(Hi|D) \frac{P(D|Hi)\,P(Hi)}{P(D|H_1)\,P(H_1) + P(D|H_2)\,P(H_2) + P(D|H_3)\,P(H_3)} \cdots (8)$$

解釋如下：

記號	解釋
H_1	實際出席人數 10 人
H_2	實際出席人數 20 人
H_3	實際出席人數 30 人
D	出席預定人數

在以上的準備下，試著解決柯先生的煩惱。

2. 觀察損失表

請看從實際出席人數與便當費用之關係所整理的表。

損失表		便當預約人數（A）		
		10	**20**	**30**
實際出席人數 H	10	9000	13000	18000
	20	20000	18000	25000
	30	30000	30000	27000

（單位：元）

　　左側的項目是「實際出席人數」，這是對應貝氏公式之中的 H，另外，上側的「便當預約人數」是柯先生可以採取行動的一覽。因爲是以 10 人爲單位決定費用，因此有 10、20、30 三種選擇。

　　如最初提及的，將結合狀態（H）與行動（A）之關係的此種表，在決定理論的領域中稱爲損失表，因爲是表示對行動的處罰程度所表示的表才如此取名。

　　譬如「實際出席人數」是 10，「便當預約數」是 20 時，值是 1 萬 3 千元，如果是平常時每人的費用是 900 元，預約是 20 人，因此，加上取消的處罰，每人是 1300 元。

3. 試調查機率分配

　　從過去的數據將實際出席人數與出席預定數的關係整理成機率，即爲以下的機率分配表。

		出席預定數		
		10	20	30
實際出席人數 H	10	0.500	0.500	0.000
	20	0.333	0.333	0.333
	30	0.000	0.333	0.667

　　上方的「出席預定數」是從出席調查所得到的數據（D）。

4. 假定事前分配

　　設定「事前機率」是貝氏定理的特徵，基於題意，採用以下的分配。如果是常例，似乎 20 人的集會最多。

		集會次數比
實際出席人數 H	10	0.3
	20	0.5
	30	0.2

5. 列舉決定方式的所有備選

出席預定數共有 10、20、30 三種類型，而預約的類型（亦即決定方式）有 10（＝ $3H_3$）種。列舉如下：

決定方式號碼	出席預定人數（D）		
	10 人	**20 人**	**30 人**
1	10	10	10
2	10	10	20
3	10	10	30
4	10	20	20
5	10	20	30
6	10	30	30
7	20	20	20
8	20	20	30
9	20	30	30
10	30	30	30

1 號決定方式是出席預定數達到 10、20、30 人時，策略是全部預約 10 人的便當。2 號決定方式是出席預定數達到 10、20、30 人時，策略是依序預約 10、10、20 的便當。

（註）$3H_3$ 是重複組合的記號，從不同的 3 個允許重複選取，取出 3 個時的個數。

譬如，請看 9 號決定方式，這是說如果出席預定數為 10 人，預約數採 20 人；出席預定數是 20 人，預約數採 30 人；出席預定數是 30 人，預約數採 30 人的決定方式。

6. 對所有的決定方式計算事後期待損失

針對全部 10 種的決定方式，使用事後機率計算期待損失。

譬如 9 號的決定方式對應「出席預定數 10 人、20 人、30 人，便當預約數是

20、30、30」的決定方式，如下可求出期待損失 2 萬 3050 元。試調查該計算法
看看。

首先，將對應情形的損失額如下圖確定。

其次，求出各損失金額實際的機率，此機率可從先前所表示的「機率分配
表」與「事前機率表」得出。譬如，出席預定數是 10，便當預約數是 20，實際
出席人數是 10 人時的機率，可如下加以計算

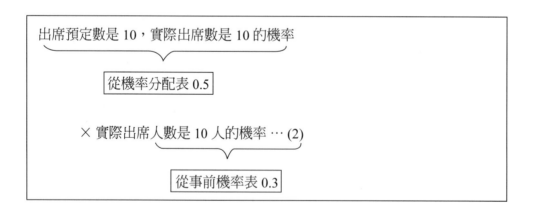

對於所給予的決定方式，將這些機率乘上損失額，再全部相加，即為得出對
該決定方式的事後期待損失。像這樣，9 號決定方式的期待損失額可求出是 2 萬
1383.3 元。

對 10 種決定方式，進行如上的計算。

決定方式	出席預定數			期待損失
號碼	**10 人**	**20 人**	**30 人**	
1	10	10	10	187000
2	10	10	20	18366.7
3	10	10	30	19133.3
4	10	20	20	18633.3
5	10	20	30	19400.0
6	10	30	30	21116.7
7	20	20	20	18900.0
8	20	20	30	19666.7
9	20	30	30	21383.3
10	30	30	30	23300.0

2 號決定方式的期待損失值是最小。

7. 求最小期待損失

　　從上面所求出的事後期待損失一覽中，找出最小者，它即為貝氏的決定方式的解。由上表的確認，知 2 號決定方式具有最小事後期待損失的解。

出席預定數	10	20	30
便當訂購數	10	10	20

　　出席預定人數是 10 人時，便當預定數決定為 10 人；20 人時是 10 人；30 人時是 30 人，損失額（所需要的費用）的期待值是最小的，此即為本例題的解答。

8. 以 Excel 來觀察

　　(1) 損失表的設定

　　將題意所顯示的損失表，設定成工作表。

	A	B	C	D	E	F	G
1		**便當預約戰略**					
2		(1)損失表					
3				便當預約數(A)			
4				10	20	30	
5		實際出席	10	9000	13000	18000	
6		人數	20	20000	18000	25000	
7		H	30	30000	30000	27000	(單位:元)

將要決定的行動 (A) 與狀態(H)之關係以數值表現。

(2) 機率分配表的設定

此機率分配對應最大概似。

	A	B	C	D	E	F
9		(2)機率分配表				
10				出席預定數(D)		
11				10	20	30
12		實際出席	10	0.500	0.500	0.000
13		人數	20	0.333	0.333	0.333
14		H	30	0.000	0.333	0.667

將數據 D 與狀態 (H) 之關係以數據表現。

(3) 事前機率的設定

將題意所表示者照樣輸入。

	A	B	C	D	E
16		(3)事前機率			
17				會議數比	
18		實際出席	10	0.3	
19		人數	20	0.5	
20		H	30	0.2	

以機率表現過去的狀態

(4) 列舉決定方式的所有備選

讓實際的便當預約數對應出席預定數 10、20、30 人的是決定方式。以下是 10 種決定方式的一覽表。

決定方式	出席預定數(D)			期待損失
號碼	10人	20人	30人	合計
1	10	10	10	
2	10	10	20	
3	10	10	30	
4	10	20	20	
5	10	20	30	
6	10	30	30	
7	20	20	20	
8	20	20	30	
9	20	30	30	
10	30	30	30	

(4)將決定方式的所有備選作成一覽

針對出席預定數是 10、20、30 來說，便當預約數是多少的決定方式一覽表。

(5) 針對各決定方式計算事後期待損失

　　利用 VBA，將 (4) 所製作的決定方式一覽中的每一個決定方式，複製到計算欄，再依據 (2) 式計算事後期待損失。求出的結果填入到原先定方式一覽表的右端。

(3)事前機率

		會議數比
實際出席	10	0.3
人數	20	0.5
H	30	0.2

(5)事後期待損出

出席預定數(D)	10	20	30	
便當預約數(A)	20	30	30	
實際出席	10	13000	18000	18000
人數	20	18000	25000	25000
H	30	30000	27000	27000	合計
事後期待損出	15631.6	22608.7	25888.9	64129.2

以 VBA 複製

(4)將決定方式的所有備選作成一覽

決定方式	出席預定數(D)			期待損失
號碼	10人	20人	30人	合計
1	10	10	10	56668.7
2	10	10	20	55557.6
3	10	10	30	58113.1
4	10	20	20	56253.2
5	10	20	30	58808.8
6	10	30	30	63287.1
7	20	20	20	57095.3
8	20	20	30	59650.9
9	20	30	30	64129.2
10	30	30	30	70181.8

以 VBA 讀取

（註）VBA 是 Excel 所準備的巨集語言。自行執行套型的作業。

(6) 求最小事後期待損失

　　在 (5) 所製作的所有決定方式的期待損失一覽表中，尋找最小者，即為所求出的「最小事後期待損失」，對應的決定方式即為例題的解答。因此，2 號的決定方式即為解答。

	A	B	C	D	E	F
30		(6)求最小事後期待損失				
31		最小期待損失		55557.6		
32		決定方式番号		2		
33						
34		確定的決定方式				
35		出席預定數		10	20	30
36		便當預定數		10	10	20

(7) 讓數值做各種改變

　　讓損失表、機率分配表、事前機率改變，調查最適合的決定方式的變化，很有趣吧！

9. 觀察工作表

　　此處 (5) 所進行的複製是以 VBA 來進行。以下是簡單的程式。

```
Sub Macro 1( )
期待損失的計算
For i = 1 to 10
For k = 1 to 3
Cells (24,3 + k) = Cells (18+i,9+k)
Next k
Cells (18+i,I3) = Cells (28,7)
Next i
End Sub
```

匯總 (1)～(6) 的一覽如下。

	A	B	C	D	E	F	G	H	I	J	K	L	M
1		**便當預約戰略**											
2		(1)損失表											
3				便當預約數(A)									
4				10	20	30							
5		實際出席	10	9000	13000	18000							
6		人數	20	20000	18000	25000							

儲存格 D25 設定如下函數
=OFFSET($C$4,1,MATCH(D$24,$D$4:$F$4))
將此複製到此表的其他儲存格

	A	B	C	D	E	F	G	H	I	J	K	L	M
16		(3)事前機率							(4)將決定方式的所有備選作成一覽				
17				會議數比					決定方式	出席預定數(D)			期待損失
18		實際出席	10	0.3					號碼	10人	20人	30人	合計
19		人數	20	0.5					1	10	10	10	56668.7
20		H	30	0.2					2	10	10	20	55557.6
21									3	10	10	30	58113.1
22		(5)事後期待損出							4	10	20	20	56253.2
23		出席預定數(D)		10	20	30			5	10	20	30	58808.8
24		便當預約數(A)		20	30	30			6	10	30	30	63287.1
25		實際出席	10	13000	18000	18000							5.3
26		人數	20	18000	25000	25000							0.9
27		H	30	30000	27000	27000	合計						9.2
28		事後期待損出		15631.6	22608.7	25888.9	64129.2		10	30	30	30	70181.8
29													
30		(6)求最小事後期待損失											
31		最小期待損失		55557.6									
32		決定方式番號		2									
33													
34		確定的決定方式											
35		出席預定數		10	20	30							
36		便當預定數		10	10	20							

此處使用 VBA，依序複製
(4) 的決定方式

將此值使用 VBA 複製到 (5) 的
期待損失一覽中

選擇最小期待損失，亦即
=MATCH(MIN($M$19:$M$28),$M$19:$M$28,0)

〈Memo〉VBA 的 cells 函數

　　將工作表的儲存格與 VBA 的變數從事媒介的是 Cells 函數與 Range 函數，Cells 函數是指 RICI 方式，將儲存格的位置按列（Row）與欄（column）的順序指定。在數學上是容易指定、容易處理的函數。

〈專欄〉**MAP 估計法與最大概似估計法**

　　所謂 MAP 估計法是將事後機率的分配成為最大之值，當作估計值的方法。

　　相對的，所謂最大概似估計法是指最大概似函數成為最大之值當作估計值的方法。

　　貝氏統計中所說的最大概似，與最大概似估計法中所說的最大概似函數，是相同的，亦即，當貝氏的基本公式中

$$P(\theta|D) = \frac{P(D|\theta)P(\theta)}{P(D)} \quad （\theta\text{是擬估計中的母數}） \cdots (9)$$

　　$P(\theta|D)$ 雖是最大概似，但這是最大概似估計法的最大概似函數。(9) 式的 $P(D)$ 是常數，MAP 估計值與最大概似估計值，以 (9) 式來說即可如下表現。

　　　　MAP 估計值 ------------ 使 $P(D|\theta)P(D)$ 為最大的 θ

　　　　最大概似估計值 ------ 使 $P(D|\theta)$ 為最大的 θ

　　總之，只有事前機率 $P(\theta)$ 的不同而已。由此事似乎可以明白，將 MAP 估計加上特徵的是事前分配。如無時，與以往的最大概似估計法並無不同。

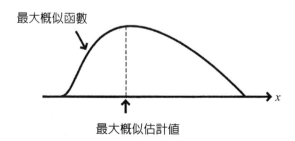

第9章　貝氏理論在線性迴歸模型中的應用

> 本章要調查貝氏理論應用於迴歸分析的方法。迴歸分析是多變量分析中最有名的解析法，若能專精貝氏理論於此領域的應用，也就可以理解應用在多變量分析的其他方法了。

9.1　迴歸分析的複習
線性迴歸模型是指迴歸方程式為 1 次式

本章想考察貝式理論應用於迴歸分析的情形。本節首先複習一下迴歸分析。

（註）本書只探討線性迴歸分析，非線性迴歸分析的情形，基本的想法是一樣的。

一、迴歸分析的複習

迴歸分析是解析多變量資料的一種分析法，所謂多變量資料是由數個項目所形成的資料。

物件	事物面積	到車站的時間	建築坪數	價格
A	56.2	5	11	3392
B	48.0	9	5	3467
C	81.8	7	3	4759
D	77.6	2	11	4113
E	65.6	13	7	4441
F	68.4	8	14	4064
G	49.4	17	6	3983
H	35.3	12	10	3058
I	72.0	6	4	4076
J	70.7	3	3	4031
	(m^2)	（分）	（坪）	（萬元）

　　於上方的各項目稱爲變量，迴歸分析是從這些表的變量之中挑出一個當作其他剩餘變量的函數來說明的分析手法，此函數稱爲迴歸方程式。

　　如以上面的資料爲例，以「建地面積」（X）、「到車站的時間」（u）、「建築坪數」（v）來說明「價格」(y) 時，表示成如下的式子再分析其間關係的是迴歸分析。

$$y = p + qx + ru + sv \; (p, q, r, s \text{ 是係數}) \cdots (1)$$

　　係數 (q, r, s) 稱爲迴歸係數，p 稱爲截距。式子右邊的變量稱爲說明變量，左邊的變量稱爲目的變量。

　　如(1)式，迴歸方程式以1次方所表的迴歸分析模型，稱之爲線性迴歸模型。

二、單線性迴歸與復迴歸分析

　　資料由 2 變量 x、y 形成時，迴歸方程式 (1) 即成爲如下。

$$y = p + qx \cdots (2)$$

　　將此種式子當作迴歸方程式的迴歸分析稱爲簡單迴歸分析，如 (1) 那樣，具有數個說明變量的迴歸分析稱爲複迴歸分析。

三、以圖像來看單迴歸分析

　　觀察 (2) 式似乎可以了解，單迴歸分析的迴歸方程式表示直線，稱此爲迴歸直線。譬如，請看以下資料，這是前頁所揭示的資料。

　　將此資料以相關圖表現看看。點列幾乎呈現右上帶狀的排列，大廈的建地面積增加時，顯示價格呈現上升趨勢。

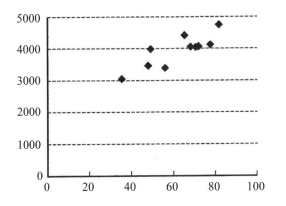

橫軸是寬度（單位：
m^2），縱軸是價格
（單位：萬元）。

　　將此點列如下圖以一條直線來描繪看看。如此一來可知，點的分配可以一條直線來代表，此即為迴歸直線。

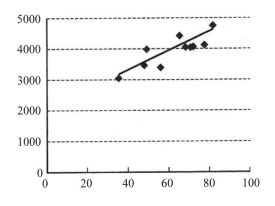

迴歸是表示分配的傾向，
求表現此直線的方程式即
為迴歸分析的目標之一。

　　像這樣，在 2 變數的資料中，以一條直線代表分配，調查變量之關係的作法即為簡單迴歸分析。亦即，此迴歸直線的式子（亦即迴歸方程式）可如下表示：

$$y = 2142.2 + 28.7x$$

四、以圖像來看複迴歸分析

　　複迴歸分析一般是無法表示在平面上，以數字來說，變量有 n(n ≥ 4) 個時，顯示 n 度空間之中的超平面。可是，人是以圖像來理解的動物，以勉強能描繪的圖像來說，此處就以如下的 3 變量的資料為例，製作圖像看看。

物件	建地面積（x）	到車站的時間（u）	價格（y）
A	56.2	5	3392
B	48.0	9	3467
C	81.8	7	4759
D	77.6	2	4113
E	65.6	13	4441
F	68.4	8	4064
G	49.4	17	3983
H	35.3	12	3058
I	72.0	6	4076
J	70.7	3	4031
	（m^2）	（分）	（萬元）

將某街的大廈價格、建地面積、到車站的時間，所有資料整理成表格。

此迴歸方程式可如下加以計算

$$y = 721.9 + 42.2x + 70.3u \cdots (3)$$

試以 Excel 描繪 (3) 式看看。如下圖所示，說明變量是 2 個時，迴歸方程式以平面表示。

此圖形很重要，即使變量增加，以此圖形還是可以理解迴歸方程式。

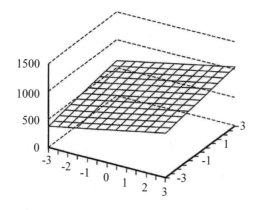

此圖形是製作 (3) 式的表，依序從「插入」→「圖形」→「等高線」，即可在 Excel 中畫出。

五、以 Excel 來觀察

　　有關線性迴歸分析所需的機能，Excel 已準備好相當多的機能。此處，使用最方便的工具即 LINEST 函數，計算 (3) 式看看，下圖顯示其結果。

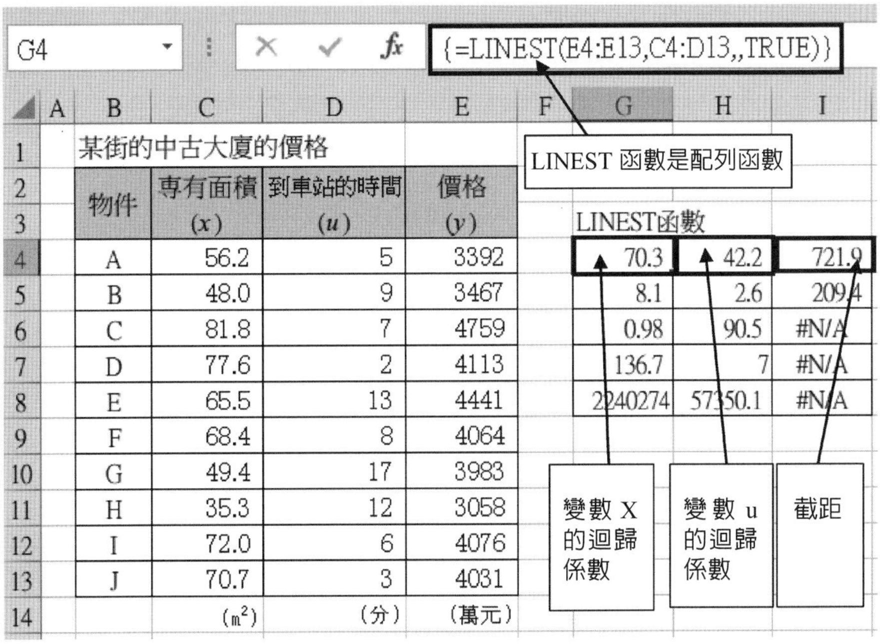

〈Memo〉Excel 的配列函數

　　LINEST 函數，使用最小平方法計算調整直線，在 Excel 作爲配列函數式屬於分類的函數。除此之外，本章也利用以下的配列函數：

MMULT、MINVERSE、TRANSPOSE

　　配列函數的擺入方式與一般的函數不同。首先選擇範圍再輸入配列函數式。接著，式子的輸入完成時，同時按住 Ctrl+Shift 鍵，再按 Ctrl 鍵。

9.2 貝式應用在簡單迴歸分析
貝式理論在簡單線性迴歸模型的應用

本章的目標是將貝氏理論應用在迴歸分析中，想法是「將母數當成機率變數」是貝氏理論的延伸。迴歸分析的母數是迴歸係數與截距，它們在此是常數，想成是機率變數，此即為貝氏理論應用於迴歸分析的基本姿態。

為了使問題簡單，本節的迴歸方程式是調查如下的簡單形式。

$$y = ax \,(a \text{ 為常數})$$

這是無截距的特殊迴歸方程式的類型，有助於以下例題的資料分析。

例 9.1 從某金礦山的礦脈採取的金礦石，調查金的含有量如下表，根據此資料使用貝氏理論進行迴歸分析看看。

NO	金礦石的重量	金含有量
1	45.2	13.8
2	51.6	15.5
3	47.5	11.2
4	31.7	12.8
5	46.3	13.8
6	41.8	11.7
7	27.6	6.8
8	69.1	22.0
9	57.7	19.1
10	29.5	10.3

金礦石的重量如為 0 時，當然所含的金的重量即為 0。因此，金礦石的重量與金含量的關係即如 (1) 的形式。

1. 古典的迴歸分析

　　將剛才的金礦石的資料做成相關圖看看。

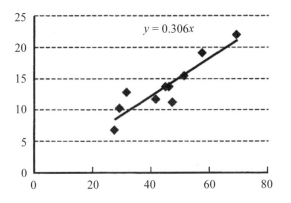

横軸是金礦石的重量（單位：噸），縱軸是金含量（單位：克）

　　相關圖上所表示的迴歸直線的式子（亦即迴歸方程式）即可如下求之。

$$y = 0.306x \cdots (2)$$

　　其中 x 是金礦石的重量（噸），y 是其中金的含量（克）。

2. 貝氏分析要求出最大概似

　　試應用貝氏理論在迴歸分析看看。(1) 式的迴歸係數母數，解釋成機率變數之處，是此理論的核心，為了活用此處的解釋而有理論的產生。

NO.	金礦石的重量	金含量
1	45.2	13.8
2	51.6	15.5
3	47.5	11.2
4	31.7	12.8
5	46.3	13.8
6	41.8	11.7
7	27.6	6.8
8	69.1	22.0
9	57.7	19.1
10	29.5	10.3

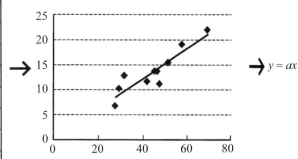

　　以相關圖看似乎也可明白，(2) 式完全無法資料重現，實際的點是分散於直線的周圍。此時，假設「變動是服從平均值 0 的常態分配上」，亦即可考慮如下表示。

$$y = ax + \varepsilon\,(\text{誤差 } \varepsilon \text{ 是服從平均值 0 的常態分配})$$

x, y 服從以下的常態分配。

$$f(x, y|a, \sigma^2) = \frac{1}{\sqrt{2\pi}\sigma} e^{\frac{-(y-ax)^2}{2\sigma^2}} \cdots (4)$$

此處，要注意迴歸係數 a 與誤差的變異數 σ^2 是母數。

簡單起見，變異數 σ^2 基於過去的資料當作已知，試設定為 25。如此，母數僅有 a 而已。那麼利用 (4) 求此金礦石資料的機率看看。

$$L(x, y|a) = \frac{1}{\sqrt{2\pi} \times 5} e^{-\frac{(y_1 - ax_1)^2}{2 \times 25}} \frac{1}{\sqrt{2\pi} \times 5} e^{-\frac{(y_2 - ax_2)^2}{2 \times 25}} \cdots \frac{1}{\sqrt{2\pi} \times 5} e^{-\frac{(y_{10} - ax_{10})^2}{2 \times 25}}$$

$$= \left(\frac{1}{\sqrt{2\pi} \times 5}\right)^{10} e^{-\frac{(y_1 - ax_1)^2 + (y_2 - ax_2)^2 + \cdots + (y_{10} - ax_{10})^2}{2 \times 25}} \cdots (5)$$

此即為貝氏理論的最大概似 $L(x, y|a)$。在母數 a 之下，資料所取得的機率。

此處，試調查 (5) 的指數部分。

(5) 的指數部分

$$= -\frac{1}{2 \times 25}\{(y_1 - ax_1)^2 + (y_2 - ax_2)^2 + \cdots + (y_{10} - ax_{10})^2\}$$

$$= -\frac{1}{2} \times \frac{1}{25}\{(x_1^2 + x_2^2 + \cdots + x_{10}^2)a^2 - 2(x_1 y_1 + x_2 y_2 \cdots + x_{10} y_{10})a\} + C$$

C 是不含 a 的常數項，實際代入資料的值時，

$$x_1^2 + x_2^2 + \cdots + x_{10}^2 = 21593.8，\ x_1 y_1 + x_2 y_2 + \cdots + x_{10} y_{10} = 6603.1$$

$$(5) \text{ 的指數部分} = -\frac{1}{2} \times \frac{1}{25}\{21593.8\alpha^2 + 2 \times 6603.1\alpha^2\} + C$$

$$= -\frac{1}{2} \times 863.8\,(\alpha - 0.306)^2 + C' \cdots (6)$$

（註）C' 也是 a 的函數。本節之後大字母 C 是有關母數的常數。

將 (6) 式代入 (5) 式時，省略常數部分，最大概似即可如下表示。

$$L(x,y|\alpha) \propto e^{-\frac{1}{2} \times 863.8(\alpha - 0.306)^2} \cdots (7)$$

亦即，形成平均值 0.306，變異數 $\frac{1}{863.8}$ ($\doteq 0.0012$) 的常態分配。

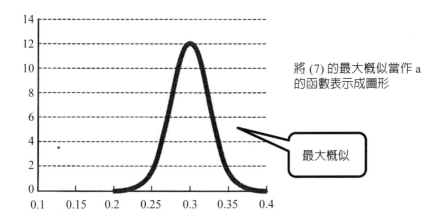

將 (7) 的最大概似當作 a 的函數表示成圖形

最大概似

3. 設定事前分配

　　就迴歸係數 a 的事前分配調查看看，假定從此金礦山的常年資料來看，可以預想 a 的平均值是 0.250，變異數是 0.01。

　　如此，事前分配 $\pi(a)$ 即為如下，

$$\pi(a) = \frac{1}{\sqrt{2\pi} \times 0.1}\,e^{-\frac{(a - 0.250)^2}{2 \times 0.01}} \cdots (8)$$

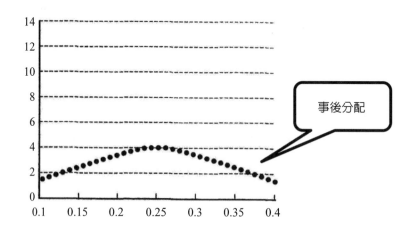

4. 接著求出事後分配

使用貝氏統計的基本公式，從 (7)、(8) 可以得出如下事後分配 $\pi(a|x, y)$。

$$\pi(a|x, y) \propto L(x, y|a)\,\pi(a)$$

$$\propto e^{-\frac{1}{2} \times 863.8(a - 0.306)^2} \frac{1}{\sqrt{2\pi} \times 0.1} e^{-\frac{(a - 0.250)^2}{2 \times 0.01}}$$

因此，可以如下變形。

$$\pi(a|x, y) \propto e^{-\frac{1}{2} \times 963.8(a - 0.300)^2} \cdots (9)$$

迴歸係數 a 的事後分配知道是服從平均值 0.300，變異數 $\frac{1}{963.8}$ ($\fallingdotseq$ 0.001) 的事後分配。

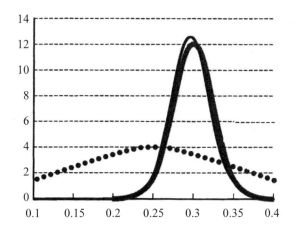

將事後分配 (9) 的圖形疊在最大概似、事前分配上

　　表示經驗的事前分配的平均值 0.250、變異數 0.01，得出實際的資料後，改變成平均值 0.300，變異數 $\frac{1}{963.8}$ ($\fallingdotseq$ 0.0010)。

5. 與古典迴歸分析的不同

　　以往的迴歸分析是無法將過去的迴歸分析所得到的經驗與知識，順利地引進到現有資料中，過去的數據可能成爲「昔日黃花」。但是，如現在所見，利用貝氏理論的迴歸分析可以簡單地將過去的資料引進到目前的資料中。

　　亦即，由所調查的目前資料得到的是最大概似 (7)，只要乘上過去的經驗資料（亦即事前分配）(8)，即可實現。

　　此外，如其他章所見的，貝氏理論可以避免因取得的資料偶然的離奇造成理論的異常性，事前分配成爲緩衝材料，當然，迴歸分析也是活用此優點。本節的例題，從資料所得到的最大概似，向事前分配的方向拉回，可減少對事後分配的影響。

6. 以 Excel 來觀察

　　(1) 資料的設定
　　例題所提供的資料設定成工作表。

	A	B	C	D
1		金的含有量		
2		No	金礦石的重量	金含有量
3			(x)	(y)
4		1	45.2	13.8
5		2	51.6	15.5
6		3	47.5	11.2
7		4	31.7	12.8
8		5	46.3	13.8
9		6	41.8	11.7
10		7	27.6	6.8
11		8	69.1	22.0
12		9	57.7	19.1
13		10	29.5	10.3
14			(頓)	(克)

(2) 最大概似的計算

　　從 (1) 式所輸入的資料，計算由該資料得出的最大概似。此時，假定迴歸方程式與實際資料的誤差服從變異數 25 的常態分配。

	A	B	C	D	E	F	G
1		**金礦石的金含有率**					
2		(1) 數據輸入					
3		*No*	*x*	*y*			
4		1	45.2	13.8			
5		2	51.6	15.5			
6		3	47.5	11.2			
7		4	31.7	12.8			
8		5	46.3	13.8			
9		6	41.8	11.7			
10		7	27.6	6.8			
11		8	69.1	22.0			
12		9	57.7	19.1			
13		10	29.5	10.3			
14							
15		(2) 最大概似					
16		誤差變異數	σ^2	25		μ_{ML}	σ_{ML}^2
17		平方和	S_x^2	21593.8		0.306	0.0012
18		交叉和	S_{xy}	6603.1			

最大概似的平均值以 μ_{ML} 表示，變異數以 σ_{ML}^2 表示。

(3) 事前分配的設定

　　迴歸係數的事前分配假定服從常態分配，設定此分配的平均值與變異數。可活用過去的經驗來設定事前分配。

A	B	C	D
20	(3) 事前分配		
21	μ_0	σ_0^2	
22	0.25	0.01	

活用過去的經驗設定事前分配。

(4) 計算事後分配

利用 (9) 式求算事後分配。

A	B	C	D	E	F	G
15	(2) 最大概似					
16	誤差變異數	σ^2	25		μ_{ML}	σ_{ML}^2
17	平方和	S_x^2	21593.8		0.306	0.0012
18	交叉和	S_{xy}	6603.1			
19						
20	(3) 事前分配					
21	μ_0	σ_0^2				
22	0.25	0.01				
23						
24	(4) 事後分配					
25	μ_1	σ_1^2				
26	0.300	0.001				

從最大概似與事前分配的資料求出事後分配 (9)。事後分配 (9) 是平均值 μ、變異數 σ^2 的常態分配。

(5) 圖像製作

　　基於以上，迴歸係數的事後分配的平均值 μ_1 是 0.3，變異數 σ^2 是 0.001。為了將此圖像化，將此 2 條直線配合數距的散布圖描繪看看。

　　在此 2 條線所含的範圍內，貝氏統計所預估的迴歸直線以機率而言有 95% 以上會在其中。

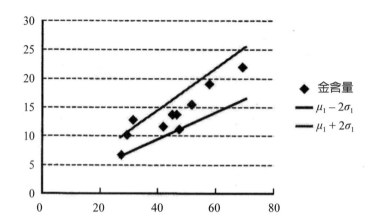

7. 觀察工作表

這是本節的工作表一覽，描繪圖形的部分省略。

	A	B	C	D	E	F	G	
1		**金礦石的金含有率**						
2		(1) 數據輸入						
3		*No*	*x*	*y*				
4		1	45.2	13.8				
5		2	51.6	15.5				
6		3	47.5	11.2				
7		4	31.7	12.8				
8		5	46.3	13.8				
9		6	41.8	11.7				
10		7	27.6	6.8				
11		8	69.1	22.0				
12		9	57.7	19.1				
13		10	29.5	10.3				
14								
15		(2) 最大概似						
16		誤差變異數	σ^2	25		μ_{ML}	σ_{ML}^2	
17		平方和	S_x^2	21593.8		0.306	0.0012	← 利用附錄 M 的 (2)、(3) 式
18		交叉和	S_{xy}	6603.1				
19								
20		(3) 事前分配						
21		μ_0	σ_0^2					
22		0.25	0.01					
23								
24		(4) 事後分配						
25		μ_1	σ_1^2					
26		0.300	0.001	← 利用附錄 M 的 (6)、(7) 式				

〈**Memo**〉所謂一般化

　本節是依照數值數據求出迴歸係數的事後分配，將此當作公式來一般化是很容易的。說明在附錄 K 中。

9.3　貝氏也可應用在複迴歸分析
貝氏理論也應用在一般的線性迴歸模型中

　前節為了說明想法，就最簡單的線性迴歸，調查了貝氏理論的應用性。

　此處，利用以下的例子，調查貝氏理論應用在更一般的線性迴歸模式中，這是某條街大廈價格的調查資料例。

例 9.2　以下的資料是調查某條街的大廈價格、建地面積、到車站的徒步時間的結果。試以大廈價格作為目的變數，使用貝氏理論進行迴歸分析看看。

物件	建地面積	到車站的時間	價格
A	56.2	5	3392
B	48.0	9	3467
C	81.8	7	4759
D	77.6	2	4113
E	65.6	13	4441
F	68.4	8	4064
G	49.4	17	3983
H	35.3	12	3058
I	72.0	6	4076
J	70.7	3	4031
	(m^2)	（分）	（萬元）

　　迴歸係數假定數個時，要簡單整理就需要矩陣的式子，如不使用矩陣計算式子時，會被許多的和所困擾。因此，對矩陣計算不熟的讀者，請依循式子去瀏覽，內容也是可以心領神會的。

1. 設定迴歸方程式

　　將說明變量的「建地面積」、「到車站的時間」依序設為 x, y，目的變量的「價格」設為 y。於是，迴歸方程式即為如下。

$$y = a + bx + cu \cdots (1)$$

　　a 為截距，b, c 為迴歸係數。a, b, c 為母數，調查這些的分配即為本節的目的。

（註）今後截距也包含在迴歸係數中，談到迴歸係數係指 a, b, c。

2. 為貝氏分析計算最大概似

　　那麼開始貝氏的分析。首先出現的式子即為下式。

$$y = a + bx + cu + \varepsilon \cdots (2)$$

　　與迴歸方程式 (1) 不同的只是 ε 而已。此 ε 是表示目的變數 y 與 a + bx + cu 的誤差。如前節所調查，ε 是假定服從平均值 0 的常態分配。那麼，x, y, u 所得到的機率與以下的機率密度成比例。

$$f(x, y \,|\, a, b, c) = \frac{1}{\sqrt{2\pi}\sigma} e^{\frac{-(y - a - bx - cu)^2}{2\sigma^2}} \cdots (3)$$

　　此處，σ^2 是誤差的分配的變異數，當作已知。

　　由 n 個數據 D(目前的例子中 n = 10) 所得到的最大概似 L($D \,|\, a, b, c$) 可由 (3) 式如下求出。

$L(D|a,b,c)$

$$= \frac{1}{\sqrt{2\pi}\sigma} e^{-\frac{(y_1 - a - bx_1 - cu_1)^2}{2\sigma^2}} \frac{1}{\sqrt{2\pi}\sigma} e^{-\frac{(y_2 - a - bx_2 - cu_2)^2}{2\sigma^2}} \cdots \frac{1}{\sqrt{2\pi}\sigma} e^{-\frac{(y_n - a - bx_n - cu_n)^2}{2\sigma^2}}$$

$$\propto e^{-\frac{(y_1 - a - bx_1 - cu_1)^2 + (y_2 - a - bx_2 - cu_2)^2 + \cdots + (y_n - a - bx_n - cu_n)^2}{2\sigma^2}} \propto e^{-\frac{1}{2\sigma^2} {}^t(Y - X\beta)(Y - X\beta)} \cdots (4)$$

此處，x_i、μ_i、y_i（$i = 1$、2、$\cdots$、10）依序表示前表的第 i 個 x、μ、y 之值。又矩陣 x、y、β 依序如下定義。

$$Y = \begin{bmatrix} y_1 \\ y_2 \\ \vdots \\ y_n \end{bmatrix}, \ X = \begin{bmatrix} 1 & x_1 & u_1 \\ 1 & x_2 & u_2 \\ \vdots & \vdots & \vdots \\ 1 & x_n & u_n \end{bmatrix}, \ \beta = \begin{bmatrix} a \\ b \\ c \end{bmatrix} \cdots (5)$$

另外，矩陣左肩的 t 表示轉置矩陣（transposed matrix）。

最大概似分配

$$L(D|a,b,c) \propto e^{-\frac{1}{2\sigma^2} {}^t(Y - X\beta)(Y - X\beta)}$$

3. 事前分配的設定

就迴歸係數 a、b、c 的事前分配 $\pi(a, b, c)$ 調查看看。

基於大廈業者的經驗，這些平均值假定是 μ_{a0}、μ_{b0}、μ_{c0}，變異數是 $\mu_{a0}{}^2$、$\mu_{b0}{}^2$、$\mu_{c0}{}^2$。事前分配爲

$$\pi(a, b, c) \propto e^{-\frac{(a - \mu_{a0})^2}{2\sigma_{a0}{}^2} - \frac{(b - \mu_{b0})^2}{2\sigma_{b0}{}^2} - \frac{(c - \mu_{c0})^2}{2\sigma_{c0}{}^2}} \cdots (6)$$

這也可使用矩陣簡潔表現。

$$P = \begin{bmatrix} a \\ b \\ c \end{bmatrix} \quad \mu_0 = \begin{bmatrix} \mu_{a0} \\ \mu_{b0} \\ \mu_{c0} \end{bmatrix} \quad X = \begin{bmatrix} \sigma_{a0}{}^2 & 0 & 0 \\ 0 & \sigma_{b0}{}^2 & 0 \\ 0 & 0 & \sigma_{c0}{}^2 \end{bmatrix} \cdots (7)$$

如此定義時，事前分配 (6) 即可如下簡潔表現。

$$\pi(a, b, c) \propto e^{-\frac{1}{2}{}^t(\beta - \mu_0)\Sigma_0^{-1}(\beta - \mu_0)} \cdots (8)$$

4. 接著是事後分配

接著求貝氏理論的主角即事後分配看看。由 (5)、(8) 式，使用貝氏定理，事後分配 $\pi(a, b, c \mid D)$ 即可如下求得：

$$\pi(a, b, c \mid D) \propto L(D \mid a, b, c)\, \pi(a, b, c)$$
$$\propto e^{-\frac{1}{2\sigma^2}{}^t(Y - X\beta)(Y - X\beta)}\, e^{-\frac{1}{2}{}^t(\beta - \mu_0)\Sigma_0^{-1}(\beta - \mu_0)} \cdots (9)$$

此處，整理指數部分，再計算看看。詳細情形參考附錄 M，如下加以變形。

$$(9) \text{ 的指數部分} = -\frac{1}{2}{}^t(\beta - \mu_1)\Sigma_1^{-1}(\beta - \mu_1) + C$$

此處新的矩陣 Σ_1、μ_1 如下定義。

$$\Sigma_1^{-1} = \frac{{}^tXX}{\sigma^2} + \Sigma_0^{-1} \qquad \mu_1 = \Sigma_1\left(\frac{{}^tXY}{\sigma^2} + \Sigma_0^{-1}\mu_0\right) \cdots (10)$$

因之，事後分配為

$$\pi(a, b, c \mid D) \propto e^{-\frac{1}{2}{}^t(\beta - \mu_1)\Sigma_1^{-1}(\beta - \mu_1)} \cdots (11)$$

此 (11) 是理論的公式，表示迴歸係數的矩陣 β 的分配。

(11) 式是由大廈的資料所導出。可是，從計算的流程來看似可理解，這是一般性成立的式子。利用矩陣時，從個論即可簡單得出一般論的公式。

事後分配

$$L(a,b,c|D) \propto e^{-\frac{1}{2}{}^t(\beta - \mu_1)\Sigma_1^{-1}(\beta - \mu_1)}$$

5. 代入數據

實際從資料求矩陣看看。從 (6) 式，

$$X'X = \begin{bmatrix} 10.0 & 624.9 & 82.0 \\ 624.9 & 41013.2 & 4747.0 \\ 82.0 & 4747.0 & 870.0 \end{bmatrix}, \ (X'X)^{-1} = \begin{bmatrix} 5.352 & -0.0063 & -0.161 \\ -0.063 & 0.001 & 0.002 \\ -0.161 & 0.002 & 0.008 \end{bmatrix}$$

另外，誤差 ε 的分配的變異數，事前分配的平均值 μ_{a0}、μ_{b0}、μ_{c0}，變異數 $\mu_{a0}{}^2$、$\mu_{b0}{}^2$、$\mu_{c0}{}^2$，從過去的經驗設定如下。

$$\sigma^2 = 100$$

$$\mu_0 = \begin{bmatrix} \mu_{a0} \\ \mu_{b0} \\ \mu_{c0} \end{bmatrix} = \begin{bmatrix} 700 \\ 50 \\ 50 \end{bmatrix}, \ \Sigma_0 = \begin{bmatrix} \sigma_{a0}{}^2 & 0 & 0 \\ 0 & \sigma_{b0}{}^2 & 0 \\ 0 & 0 & \sigma_{c0}{}^2 \end{bmatrix} = \begin{bmatrix} 100 & 0 & 0 \\ 0 & 100 & 0 \\ 0 & 0 & 100 \end{bmatrix}$$

事後分配 (11) 的矩陣 μ_1 與 Σ_1^{-1} 如下表示。

$$\mu = \begin{bmatrix} 702.1 \\ 42.5 \\ 71.0 \end{bmatrix}, \ \Sigma_1^{-1} = \begin{bmatrix} 0.11 & 6.25 & 0.82 \\ 6.25 & 410.14 & 47.47 \\ 0.82 & 47.47 & 8.70 \end{bmatrix}$$

將這些代入，有關迴歸係數的矩陣 β 的事後機率 (11) 亦即，

$$\pi(a, b, c | D) \propto e^{-\frac{1}{2}{}'(\beta - \mu_1)\Sigma_1^{-1}(\beta - \mu_1)} \cdots (11)$$

不熟悉矩陣的人，對於「這就是答案？」也許丈二金剛摸不著頭腦。可是，將 (12) 代入 (11)，展開矩陣在計算時會變得非常長的式子，反而不易理解。

6. 以 Excel 來觀察

(1) 數據的設定

設定數據的同時，爲了準備矩陣 X，先加上常數 1 的欄。

	A	B	C	D	E	F	G	H
1		**某街的中古大廈価格的貝氏迴歸分析**						
2		(1) 數據						
3		物件	常數	面積	時間	價格		
4				(x)	(u)	(y)		
5		1	1	56.2	5	3392		
6		2	1	48.0	9	3467		
7		3	1	81.8	7	4759		
8		4	1	77.6	2	4113		
9		5	1	65.5	13	4441		
10		6	1	68.4	8	4064		
11		7	1	49.4	17	3983		
12		8	1	35.3	12	3058		
13		9	1	72.0	6	4076		
14		10	1	70.7	3	4031		

加入常數 1 的欄是為了容易計算矩陣。

(2) 矩陣計算的準備

爲了利用 Excel 進行矩陣計算，將 (1) 的表轉置。

	A	B	C	D	E	F	G	H	I	J	K	L
16		(2) 矩陣計算的準備										
17		物件	1	2	3	4	5	6	7	8	9	10
18		常數	1	1	1	1	1	1	1	1	1	1
19		x	56.2	48.0	81.8	77.6	65.5	68.4	49.4	35.3	72.0	70.7
20		u	5	9	7	2	13	8	17	12	6	3
21		y	3392	3467	4759	4113	4441	4064	3983	3058	4076	4031

(3) 設定誤差 ε 的分配的變異數

為了應用貝氏理論在迴歸分析模型中，設定迴歸方程式的誤差 ε 之分配（常態分配）的變異數。此處設定 $\sigma^2 = 100$（ε 的平均值是 0）。

	A	B	C	D	E	F
23		(3) 誤差 ε 的分配的變異數				
24		σ^2	100			

誤差 ε 的平均是 0。

(4) 事前分配的設定

設定迴歸係數 a、b、c 的事前分配。

	A	B	C	D	E	F	G	H	I	J	K	L
26		(4) 事前分配的設定										
27			700		100	0	0		0.01	0	0	
28		$\mu_0=$	50	$\Sigma_0=$	0	100	0	$\Sigma_0^{-1}=$	0	0.01	0	
29			50		0	0	100		0	0	0.01	
30												

設定 (7) 式

(5) 計算的準備

結論的式子是 (11) 與 (12) 的設定。(11) 是以下的事後分配。

$$\pi(a,b,c|D) \propto e^{-\frac{1}{2}{}^t(\beta-\mu_1)\Sigma_1^{-1}(\beta-\mu_1)} \cdots (11)$$

此 (11) 的 μ_1、Σ_1^{-1} 即為 (12)，但它必須要計算以下的 (10) 式。

$$\Sigma_1^{-1} = \frac{{}^tXX}{\sigma^2} + \Sigma_0^{-1} \qquad \mu_1 = \Sigma_1\left(\frac{{}^tXY}{\sigma^2} + \Sigma_0^{-1}\mu_0\right) \cdots (10)$$

(10) 式很複雜，先區分部位，再計算各個部位的值才是上策。此時 (2) 是有幫助的，矩陣計算利用 Excel 函數是可行的。

	A	B	C	D	E	F	G	H	I
31		(5) 計算的準備							
32			10	624.9	82		39384		
33		$^tXX=$	625	41013	4747	$^tXY=$	2517535.8		
34			82	4747	870		320903		
35									
36				7				400.8	
37		$\Sigma_0^{-1}\mu_0=$		0.5		$^tXY/\sigma^2+\Sigma_0^{-1}\mu_0=$		25176	
38				0.5				3210	

計算 (10) 式的部位

(6) 計算事後分配

以上已作好求事後分配 (11) 的準備，接著，求 (11) 式的矩陣 Σ_1^{-1}、μ_1。

	A	B	C	D	E	F	G	H	I
31		(5) 計算的準備							
32			10	624.9	82		39384		
33		$^tXX=$	625	41013	4747	$^tXY=$	2517535.8		
34			82	4747	870		320903		
35									
36				7				400.8	
37		$\Sigma_0^{-1}\mu_0=$		0.5		$^tXY/\sigma^2+\Sigma_0^{-1}\mu_0=$		25176	
38				0.5				3210	
39									
40		(6) 事後分配的求出							
41			0.110	6.249	0.820		84.247	-0.989	-2.542
42		$\Sigma_1^{-1}=$	6.249	410.142	47.470	$\Sigma_1=$	-0.989	0.018	-0.006
43			0.820	47.470	8.700		-2.542	-0.006	0.389
44									
45						702.1			
46		$\mu_1=\Sigma_1(^tXY/\sigma^2+\Sigma_0^{-1}\mu_0)=$				42.5			
47						71.0			

在 (5) 的準備下，
(11) 式的計算就很
簡單

像這樣，規定母數 a、b、c 的機率密度函數 (11) 的常數矩陣 μ_1、Σ_1^{-1} 即可求出。

也許被認為「結論的式子是？」然而此矩陣 μ_1、Σ_1^{-1} 即為結論式。如先前所述，將這些代入事後分配，展開矩陣再表示時，即會變成非常長的式子。每當感

到「美中不足」時，還請多多見諒。

7. Excel 解說

下表是本節所調查的工作表一覽。

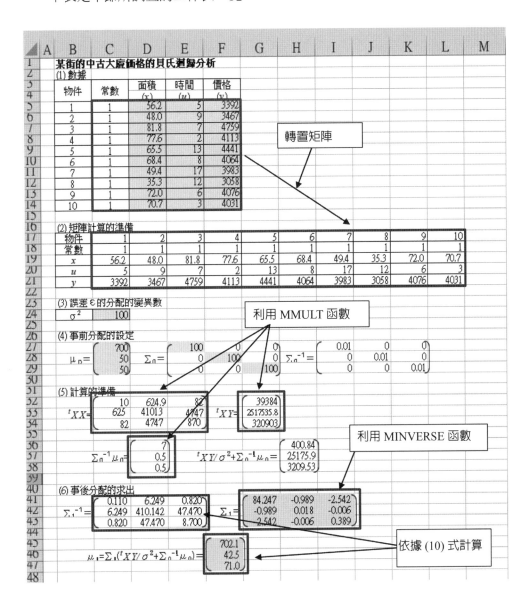

附　錄

此附錄是提示本書中未完整寫出的數式變化的詳細情形。由於本書通常只提示結論，因此「為何可以得到此結論？」想必會有出現如此疑問的地方。回答此疑問即為附錄的目的所在。

A.統計分配的 Excel 函數一覽

貝式統計經常利用的分配與 Excel 函數之對應整理如下：

分配	Excel 函數	Excel 的函數的意義
常態分配	NORMDIST	計算常態分配的機率密度函數之值或連續分配函數之值
	NORMINV	常態分配的累積密度函數之逆函數可以發生常態亂數
標準常態分配	NORMSDIST	計算標準常態分配的累積分配函數之值
	NORMSINV	標準常態分配的累積分配函數的逆函數可以發生標準常態亂數
二項分配	BINOMDIST	計算二項分配之值
Beta 分配	BETADIST	計算 Beta 分配的機率密度函數之值，或累積分配函數之值
	BETAINV	Beta 分配的累積分配函數之逆函數可以發生 Beta 分配的擬似亂數
Gamma 分配	GAMMADIST	計算 Gamma 分配的機率密度函數之值或累積分配函數之值
	GAMMAINV	Gamma 分配的累積分配函數的逆函數可以發生 Gamma 分配的擬似亂數
卜式分配	POISSON	計算卜式分配之值
指數分配	EXPONDIST	計算指數分配之值
均一亂數分配	RAND	發生從 0 到 1 的均一亂數

B.常態分配的自然共軛分配即為常態分配之證明（變異數已知）

對於由服從常態分配 $N(\mu, \sigma^2)$ 的數據所得到的概似來說，當 σ 已知時，關於平均值 μ 的「自然共軛分配」即為常態分配（第 5 章第 3 節），服從常態分配的 n 個數據設為 $\chi_1, \chi_2, \cdots, \chi_n$，其母數的平均值設為 μ。並且，已知的變異數以 σ^2 表示。

1. 求概似

n 個數據 $\chi_1, \chi_2, \cdots, \chi_n$ 服從平均值 μ，變異數 σ^2 的常態分配，因此概似 $f(D\,|\,\mu)$ 即可如下表示：

$$f(D\,|\,\mu) = \frac{1}{\sqrt{2\pi}\sigma} e^{-\frac{(x_1-\mu)^2}{2\sigma^2}} \frac{1}{\sqrt{2\pi}\sigma} e^{-\frac{(x_2-\mu)^2}{2\sigma^2}} \cdots \frac{1}{\sqrt{2\pi}\sigma} e^{-\frac{(x_n-\mu)^2}{2\sigma^2}}$$

$$= \left(\frac{1}{\sqrt{2\pi}}\right)^n \left(\frac{1}{\sigma}\right)^n e^{-\frac{(x_1-\mu)^2+(x_2-\mu)^2+\cdots+(x_n-\mu)^2}{2\sigma^2}} \cdots (1)$$

此處，是著眼於 e 的指數中分數的分子。

$$分子 = (\chi_1-\mu)^2 + (\chi_2-\mu)^2 + \cdots + (\chi_n-\mu)^2 \cdots (2)$$

$$= n(\mu - \bar{x})^2 + Q \cdots (3)$$

$\bar{x}$ 是表示數據的平均值，Q 是表示數據的變動（偏差平方和）。

$$\bar{x} = \frac{x_1 + x_2 + \cdots + x_n}{n}$$

$$Q = (\chi_1 - \bar{x})^2 + (\chi_2 - \bar{x})^2 + \cdots + (\chi_n - \bar{x})^2$$

（註）由 (2) 到 (3) 式的變形，請參照本節末的〈Memo〉。

將 (3) 式代入 (1) 式，如忽略 σ，Q 等的常數部分時，概似 $f(D\,|\,\mu)$ 是

$$概似\ f(D\,|\,\mu) \propto e^{-\frac{(\bar{x}-\mu)^2}{2\sigma^2}} \cdots (4)$$

2. 設定事前分配

試設定事前分配看看。以常態分配的母數及平均數 μ 的事前分配 $\pi(\mu)$ 來說，是採用如下的常態分配，此處 σ_0 是常數。

$$\text{事前分配 } \pi(\mu) = \frac{1}{\sqrt{2\pi}\sigma_0} e^{-\frac{(\mu - \mu_0)^2}{2\sigma_0^2}} \cdots (5)$$

3. 求事後分配

將 (4)、(5) 式代入貝氏統計的基本公式（第 4 章），

$$\text{事後分配} \propto \text{概似} \times \text{事前分配}$$

此時，事後分配 $\pi(\mu \mid D)$ 忽略常數部分，成為

$$\text{事後分配} \propto e^{-\frac{n(\bar{x} - \mu)^2}{2\sigma^2}} e^{-\frac{(\mu - \mu_0)^2}{2\sigma_0^2}} = e^{-\frac{n(\bar{x} - \mu)^2}{2\sigma^2} - \frac{(\mu - \mu_0)^2}{2\sigma_0^2}} \cdots (6)$$

試調查 e 的上方指數看看。

$$\begin{aligned}
(6) \text{ 式的指數} &= -\frac{n(\bar{\bar{x}} - \mu)^2}{2\sigma^2} - \frac{(\mu - \mu_0)^2}{2\sigma_0^2} \\
&= -\frac{1}{2}\left\{\left[\frac{n}{\sigma^2} + \frac{1}{\sigma_0^2}\right]\mu^2 - 2\left[\frac{n\bar{\bar{x}}}{\sigma^2} + \frac{\mu_0}{\sigma_0^2}\right]\mu\right\} + \{\text{不含}\mu\text{之項}\} \\
&= -\frac{1}{2}\left[\frac{n}{\sigma^2} + \frac{1}{\sigma_0^2}\right]\left[\mu^2 - 2\frac{\frac{n\bar{\bar{x}}}{\sigma^2} + \frac{\mu_0}{\sigma_0^2}}{\frac{n}{\sigma^2} + \frac{1}{\sigma_0^2}}\right] + \{\text{不含}\mu\text{之項}\} \\
&= -\frac{1}{2}\left[\frac{n}{\sigma^2} + \frac{1}{\sigma_0^2}\right]\left[\mu - \frac{\frac{n\bar{\bar{x}}}{\sigma^2} + \frac{\mu_0}{\sigma_0^2}}{\frac{n}{\sigma} + \frac{1}{\sigma_0^2}}\right]^2 + \{\text{不含}\mu\text{之項}\}
\end{aligned}$$

為了使式子簡單，如下定義 μ_1, σ_1^2。

$$\mu_1 = \frac{\dfrac{n\bar{\bar{x}}}{\sigma^2} + \dfrac{\mu_0}{\sigma_0^2}}{\dfrac{n}{\sigma^2} + \dfrac{1}{\sigma_0^2}} \;,\; \frac{1}{\sigma_1^2} = \frac{n}{\sigma^2} + \frac{1}{\sigma_0^2} \;\left(\text{亦即}\sigma_1^2 = \frac{1}{\dfrac{n}{\sigma^2} + \dfrac{1}{\sigma_0^2}}\right)$$

(6) 式即可如下簡化：

$$\text{事後分配 } \pi(\mu \mid D) \propto e^{-\frac{n(\bar{x}-\mu)^2}{2\sigma^2}} e^{-\frac{(\mu-\mu_0)^2}{2\sigma_0^2}} \propto e^{-\frac{(\mu-\mu_1)^2}{2\sigma_1^2}}$$

因此，知事後分配 $\pi(\mu \mid D)$ 是成為平均值 μ_1、變異數 σ_1^2 的常態分配。

$$\pi(\mu \mid D) = \frac{1}{\sqrt{2\pi}\sigma_1} e^{-\frac{(\mu-\mu_1)^2}{2\sigma_1^2}}$$

此即為所要求的事後分配的形式，如此，對於由服從常態分配的數據所得到的概似，已可確認出常態分配即為自然共軛分配。

〈**Memo**〉統計計算經常被利用的「偏差的總和是 0」

在上面的計算式中，由 (2) 式變形成 (3) 式是依據以下理由：

$$\text{分子} = (\chi_1 - \mu)^2 + (\chi_2 - \mu)^2 + \cdots + (\chi_n - \mu)^2 \cdots (2)$$
$$= (\chi_1 - \bar{\bar{x}} + \bar{\bar{x}} - \mu)^2 + (\chi_2 - \bar{\bar{x}} + \bar{\bar{x}} - \mu)^2 + \cdots + (\chi_n - \bar{\bar{x}} + \bar{\bar{x}} - \mu)^2$$
$$= n(\mu - \bar{\bar{x}})^2 + (\chi_1 - \bar{\bar{x}})^2 + (\chi_2 - \bar{\bar{x}})^2 + \cdots + (\chi_n - \bar{\bar{x}})^2$$
$$= n(\mu - \bar{\bar{x}})^2 + Q \cdots (3)$$

此處利用 $\chi_1 + \chi_2 + \cdots + \chi_n = n\bar{\bar{x}}$，亦即利用偏差的總和是 0 的性質。
即，$(\chi_1 - \bar{\bar{x}}) + (-\bar{\bar{x}}) + \cdots + (\chi_n - \bar{\bar{x}}) = 0$

C.常態分配的自然共軛分配是逆 Gamma 分配之證明（變異數未知）

一般對於由服從常態分配的 n 個數據 $x_1, x_2, \cdots, x_n$ 所得到的概似來說，試調查此常態分配的母數及平均值 μ 與變異數 σ^2 的分配。針對由服從常態分配的數據所得到的概似來說，有關變異數之「自然共軛分配」即為逆 Gamma 分配。

1. 假定事前分配

以變異數 σ^2 的事前分配來說，採用逆 Gamma 分配 IG(α, λ)。此 Gamma 分配 IG$(\propto, \lambda)$ 是以如下的分配函數所表示（第 2 章第 4 節，第 5 章第 4 節）：

$$f(x) = kx^{-\alpha-1}e^{-\frac{\lambda}{x}} \quad (k \text{ 為常數，} \alpha, \lambda \text{ 為常數})$$

亦即，以事前分配 $\pi(\sigma^2)$ 來說是採用以下的分配：

$$\sigma^2 \text{ 的事前分配 } \pi(\sigma^2) \propto (\sigma^2)^{-\alpha-1}e^{-\frac{\lambda}{\sigma^2}} \cdots (1)$$

此處，忽略比例常數。

以平均值 μ 的事前分配來說，採用常態分配 $N(\mu_0, \frac{\sigma^2}{m_0})$。

$$\mu \text{ 的事前分配 } \pi(\mu|\sigma^2) = \frac{\sqrt{m_0}}{\sqrt{2\pi}\sigma}e^{-\frac{m_0(\mu-\mu_0)^2}{2\sigma^2}} \cdots (2)$$

（註）常數 m_0 是對 μ 的事前分配的變異數給予自由度。如此一來，所得到的公式形式變得美觀。附帶一提，母數 μ 是受 σ^2 的事前分配 $\pi(\sigma^2)$ 所限制。

2. 求概似

由 $x_1, x_2, \cdots, x_n$ 所形成的 n 個數據 D，因服從平均值 μ、變異數 σ^2 的常態分配，因之其概似可以如下記述（附錄 B）：

$$\text{概似 } f(D|\mu, \sigma^2) = \frac{1}{\sqrt{2\pi}\sigma}e^{-\frac{(x_1-\mu)^2}{2\sigma^2}}\frac{1}{\sqrt{2\pi}\sigma}e^{-\frac{(x_2-\mu)^2}{2\sigma^2}} \cdots \frac{1}{\sqrt{2\pi}\sigma}e^{-\frac{(x_n-\mu)^2}{2\sigma^2}}$$

$$= \left(\frac{1}{\sqrt{2\pi}}\right)^n\left(\frac{1}{\sigma}\right)^n e^{-\frac{Q+n(\mu-\bar{x})^2}{2\sigma^2}} \cdots (3)$$

Q 是表示數據的變動（偏差平方和），$\bar{x}$ 是表示 n 個數據的平均值。

3. 求事後分配

試求事後分配 $\pi(\mu, \sigma^2 \mid D)$。將 (1)～(3) 式代入貝氏統計的基本公式，

事後分配 $\propto$ 概似 $\times$ 事前分配

事後分配 $\propto f(D \mid \mu, \sigma^2) \pi(\mu \mid \sigma^2) \pi(\sigma^2)$

$$\propto \left(\frac{1}{\sqrt{2\pi}}\right)^n \left(\frac{1}{\sigma}\right)^n e^{-\frac{Q + n(\mu - \bar{x})^2}{2\sigma^2}} \frac{\sqrt{m_0}}{\sqrt{2\pi}\sigma} e^{-\frac{m_0(\mu - \mu_0)^2}{2\sigma^2}} (\sigma^2)^{-\alpha - 1} e^{-\frac{\lambda}{\sigma^2}}$$

$$\propto (\sigma^2)^{-\alpha - \frac{n}{2} - \frac{3}{\alpha}} e^{-\frac{Q + n(\mu - \bar{x})^2 + m_0(\mu - \mu_0)^2 + 2\lambda}{2\sigma^2}}$$

最後的式子是忽略比例常數。試調查 e 的指數中分數的分子。

$$\text{分子} = Q + n(\mu + \bar{x})^2 + m_0(\mu - \mu_0)^2 + 2\lambda$$

$$= Q + (m_0 + n)\mu^2 - 2(\mu\bar{x} + m_0\mu_0)\mu + n\bar{x}^2 + m_0\mu_0^2 + 2\lambda$$

$$= Q + (m_0 + n)\left[\mu - \frac{n\bar{x} + m_0\mu_0}{m_0 + n}\right]^2 - \frac{(n\bar{x} + m_0\mu_0)^2}{m_0 + n} + n\bar{x}^2 + m_0\mu_0^2 + 2\lambda$$

$$= Q + (m_0 + n)\left[\mu - \frac{n\bar{x} + m_0\mu_0}{m_0 + n}\right]^2 + \frac{m_0 n(\bar{x} - \mu_0)^2}{m_0 + n} + 2\lambda \cdots (5)$$

將 (5) 式代入 (4) 式，可得出事後分配 $\pi(\mu, \sigma^2 \mid D)$。

$$\text{事後分配} \propto (\sigma^2)^{-\alpha - \frac{n}{2} - \frac{3}{\alpha}} e^{-\frac{Q + (m_0 + n)(\mu - \mu_1)^2 + \frac{m_0 n}{m_0 + n}(\bar{x} - m_0) + 2\lambda}{2\sigma^2}}$$

此處，μ_1 是如下決定：

$$\mu_1 = \frac{nx + m_0\mu_0}{m_0 + n} \cdots (7)$$

4. 整形

終於計算結束，可是結果的 (6) 式不容易觀看。因此，在許多的文獻中，會

進行如下的「整形」。將 σ^2 的事前分配的母數 α, λ 如下替換。

$$\alpha = \frac{n_0}{2} \text{ , } \lambda = \frac{n_0 s_0}{2} \cdots (8)$$

於是，σ^2 的事前分配即可記述爲逆 Gamma 分配 IG$\left(\dfrac{n_0}{2}, \dfrac{n_0 s_0}{2}\right)$。

著眼於事後分配 (6) 式。將 (8) 式代入 (6) 式，

$$\text{事後分配} \propto (\sigma^2)^{-\frac{n_0+n+1}{2}-1} e^{-\frac{Q+(m_0+n)(\mu-\mu_1)^2+\frac{m_0 n}{m_0+n}(\bar{x}-\mu_0)+n_0 s_0}{2\sigma^2}} \cdots (9)$$

一面觀察 (9) 式，一面如下定義 m_1, n_1, s_1。

$$m_1 = +n \text{ , } n_1 = +n$$
$$n_1 s_1 = n_0 s_0 + Q + \frac{m_0 \mu_0}{m_0+n_0}(\bar{x}-\mu_0)^2$$

於是，事後分配 (9) 式即成爲如下，變得容易觀看。

$$\text{事後分配} \propto \alpha\, (\sigma^2)^{-\frac{n_1+1}{2}-1} e^{-\frac{n_1 s_1+m_1(\mu-\mu_1)^2}{2\sigma^2}} \cdots (10)$$

從此形狀將焦點鎖定在變異數 σ^2 時，事後分配即成爲如下的逆 Gamma 分配：

$$\text{IG}\left(\frac{n_1+1}{2}, \frac{n_1 s_1+m_1(\mu-\mu_1)^2}{2}\right)$$

如此一來，對於由服從常態分配的數據所得到的概似來說，有關變異數的「自然共軛分配」，可以確認是成爲逆 Gamma 分配。

附帶一提，如第 5 章第 4 節所調查的那樣，關於平均值 μ，事後分配 (10) 式形成常態分配的形式。對於由服從常態分配的數據所得到的概似來說，其平均值 μ 的自然共軛分配是常態分配，此處也獲得了確認。

D. 卜式分配的自然共軛分配是 Gamma 分配的證明

對於由服從卜式分配的 n 個數據 $\chi_1, \chi_2, \cdots, \chi_n$ 所得到的概似來說，有關其分配的平均值的自然共軛分配即為 Gamma 分配。

1. 假定事前分配

以事前分配 $\pi(\theta)$ 來說，試採用 Gamma 分配看看。Gamma 分配 $Ga(\alpha, \lambda)$ 的分配函數 $Ga(\theta, \alpha, \lambda)$ 即可如下表示：

$$Ga(\theta, \alpha, \lambda)(0 < \theta, 0 < \lambda) \cdots (1)$$

因此，將事前分配如下設定：

$$\text{事前分配 } \pi(\theta) \propto \theta^{\alpha-1} e^{-\lambda\theta} \cdots (2)$$

2. 求概似

卜氏分配是以平均值 θ 當作母數以如下的機率函數 $f(x)$ 加以表示：

$$f(x) = \frac{e^{-\theta} \theta^x}{x!} \quad （其中，x 是 0, 1, 2, \cdots, \theta > 0）$$

n 個數據 $x_1, x_2, \cdots, x_n$ 的聯合分配即可如下表示：

$$f(D/\theta) = \frac{e^{-\theta} \theta^{x_1}}{x_1!} \times \frac{e^{-\theta} \theta^{x_2}}{x_2!} \times \cdots \times \frac{e^{-\theta} \theta^{x_n}}{x_n!} \propto e^{-n\theta} \theta^{n\bar{x}} \cdots (3)$$

此處 D 是 n 個數據，$\bar{x}$ 是此數據的平均值。

3. 求事後分配

試求事後分配 $\pi(\theta / D)$。將 (2)、(3) 式代入貝式機率的基本公式中，

$$\text{事後分配} \propto \text{概似} \times \text{事前分配}$$

$$\text{事後分配} \propto e^{-n\theta}\theta^{n\bar{x}} \times \theta^{\alpha-4}e^{-\lambda\theta} = \theta^{\alpha+n\bar{x}-1}e^{-(\lambda+n)\theta} \cdots (4)$$

　　試將此事後分配與 (1) 式比較看看，知事後分配是服從 Gamma 分配。

　　$\text{Ga}(\alpha + \bar{n}, \lambda + n)$ 對於服從卜氏分配的數據所得到的概似來說，Gamma 分配即為自然共軛分配已有所確認。

E.利用 Excel 擬似亂數的發生法

MCMC 法之一的吉普斯法，是必須從條件事後分配抽出擬似亂數，因此，此處整理出對有名的分配的擬似亂數的建立法（亦即抽樣法）。

1. 均一亂表的建立法

服從均一分配的擬似亂數稱為均一亂數，要製作此亂數，要利用以下的函數。

這是 RAND 至 0 到 1 之間後均一亂數發生，a 到 b 的均一亂數如以下的工作表那樣使之發生。

	B4		f_x	=($B$3-$B$2)*RAND( )+$B$2		
	A	B	C	D	E	F	G
1	均一亂數						
2	最小值a	1					
3	最大值b	5					
4	no1	1.254517					
5	no2	2.893543					
6	no3	4.612453					
7	no4	2.220518					
8	no5	4.594044					
9	no6	1.617094					
10	no7	3.942748					
11	no8	1.750408					
12	no9	3.885945					
13	no10	3.503654					

附帶一提，均一地隨機發生由整數 a 到整數 b 的整數，以下的函數是很方便的。

$$RANDBETWEEN (a, b)$$

2. 服從常態分配的數據建立法

服從常態分配的擬似亂數稱為常態亂數。要製作此亂數，可利用常態分配的累積密度函數的逆函數及如下的函數：

$$NORM / NV(RAND( ), \mu, \sigma) \ (\mu：平均數，\sigma：標準差)$$

	B4		f_x	=NORMINV(RAND(),$B$2,$B$3)		
	A	B	C	D	E	F	G
1	常態亂數						
2	平均值值	1					
3	標準差	5					
4	no1	0.893394					
5	no2	5.264249					
6	no3	1.324147					
7	no4	6.316388					
8	no5	5.826871					
9	no6	-1.9816					
10	no7	9.732652					
11	no8	9.842324					
12	no9	-3.41289					
13	no10	-3.73831					

3. 服從 Gamma 分配的數據建立法

Excel 是將 Gamma 分配如下定義：

$$f(x,\alpha,\beta) = \frac{x^{\alpha-1} e^{\frac{-\alpha}{\beta}}}{\Gamma(\alpha)\beta^\alpha} \cdots (1)$$

要建立此分配的擬似亂數，可利用 Gamma 分配的累積密度函數的逆函數，亦即如下的函數：

$$GAMMA / NV (RAND(), \alpha, \beta)$$

下圖是實際執行此情形的例子。

	B4		f_x	=GAMMAINV(RAND(),$B$2,$B$3)			
	A	B	C	D	E	F	G	H
1	gamma分配的擬似亂數							
2	α	1						
3	β	5						
4	no1	3.698584						
5	no2	0.069058						
6	no3	3.313788						
7	no4	23.40108						
8	no5	5.44841						
9	no6	1.884046						
10	no7	17.88889						
11	no8	0.53386						
12	no9	0.375485						
13	no10	3.193882						

注意本書中所定義的 Gamma 分配 $Ga(x,\alpha,\lambda)=\dfrac{\lambda^{\alpha}x^{\alpha-1}e^{-\lambda x}}{\Gamma(\alpha)}$ 與母數 β 的功能是不同的。

4. 服從逆 Gamma 分配的數據建立法

逆 Gamma 分配 IG(α, λ) 的機率密度函數 IG(χ, α, λ) 如下定義：

$$IG(x,\alpha,\lambda)=\frac{\lambda^{\alpha}x^{-\alpha-1}e^{\frac{-\lambda}{x}}}{\Gamma(\alpha)}\cdots(ii)$$

Excel 並無求逆 Gamma 分配的函數，因此，利用與 Gamma 分配之關係，逆 Gamma 分配如下以定義與 Gamma 分配結合。

「在 Gamma 分配中，將變數 x 當成倒數 $\dfrac{1}{x}$ 時，相同機率之機率分配。」

實際由此定義導出 (ii) 式看看。

Gamma 分配 Ga(α, λ) 的機率密度函數設為 Ga(χ, α, λ) 時，由逆 Gamma 分配的定義，在微小區間 dx 內以下的關係必須成立。

$$IG(x,\alpha,\lambda)dx=Ga(\frac{1}{x},\alpha,\lambda)\left|d\frac{1}{x}\right|\cdots(iii)$$

代入第 2 章第 3 節所定義的 Gamma 分配的函數，使用微分的性質，

$$Ga(\frac{1}{x},\alpha,\lambda)=\frac{\lambda^{\alpha}x^{-\alpha-1}e^{\frac{-\lambda}{x}}}{\Gamma(\alpha)}\ ,\ \left|d\frac{1}{x}\right|=\frac{1}{x^{2}}dx$$

將此代入 (iii) 式並整理，

$$IG(\chi,\alpha,\lambda)=\frac{\lambda^{\alpha}x^{-\alpha-1}e^{\frac{-\lambda}{x}}}{\Gamma(\alpha)}$$

如此可得出逆分配的定義式 (ii) 式。

附帶一提 Excel 的 Gamma 分配的分配函數如下定義：

$$f(x,\alpha,\beta)=\frac{x^{\alpha-1}e^{\frac{-x}{\beta}}}{\Gamma(\alpha)\beta^{\alpha}}$$

因此，Excel 的 Gamma 分配的函數，要得出服從逆 Gamma 分配的亂數，有需要 $\beta=\frac{1}{\lambda}$ 之變換。

由以上，要得到服從逆 Gamma 分配的擬似亂數，如以下將服從 Gamma 分配的擬似亂數取成倒數即可。

$$=1/\text{GAMMAINV}(\text{RAND}(\,),\alpha,\frac{1}{\lambda})$$

利用此性質所做成的 Excel 工作表即爲下圖。

B4　=1/GAMMAINV(RAND(),$B$2,$B$3)

	A	B	C	D	E	F	G	H
1	逆gamma分配的擬似亂數							
2	α	4						
3	λ	3						
4	no1	0.230704						
5	no2	0.060464						
6	no3	0.076575						
7	no4	0.060283						
8	no5	0.187128						
9	no6	0.058763						
10	no7	0.050565						
11	no8	0.112348						
12	no9	0.127194						
13	no10	0.049781						

〈Memo〉逆 Gamma 分配的平均值與變異數

逆 Gamma 分配 IG(α, λ) 的機率密度函數 IG(χ, α, λ)，在許多的文獻中如下定義 (本書也依循此定義)。

$$\text{IG}(x,\alpha,\lambda)=\frac{\lambda^{\alpha}x^{-\alpha-1}e^{\frac{-\lambda}{x}}}{\Gamma(\alpha)}\cdots\text{(ii)}$$

由此得出平均值與變異數如下（第 2 章第 3 節）。

$$\text{平均值}=\frac{\lambda}{\alpha-1}\text{，變異數}=\frac{\lambda^2}{(\alpha-1)^2(\alpha-2)}$$

F. 利用 Excel 的積分計算

第 7 章所說明的經驗貝式法，爲了求邊際機率分配需要積分，如利用長方形近似時，Excel 即可簡單進行積分計算。

所謂長方形近似，也稱爲區分求積法，是將積分以等範圍之長方形之和予以近似的方法。

下圖表示長方形近似的想法。積分 $\int_a^b f(x)dx$ 在圖中是表示 X 軸與函數 $y = f(x)(0 \leq f(x))$ 圖形所圍著的面積，將它以微小的長方形面積之和予以近似。

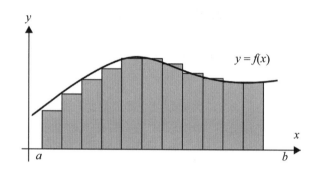

忠實地重現此長方形近似的想法，即爲下頁的 Excel 工作單。

	E4		fx	=SUM(B4:B24)*0.1	
	A	B	C	D	E	F
1	積分的長方形近似…(例)標準常態分配0≦x≦2的積分					
2						
3	x	y				
4	0	0.398942		積分I=	0.499807	
5	0.1	0.396953				
6	0.2	0.391043				
7	0.3	0.381388				
8	0.4	0.36827				
9	0.5	0.352065				
10	0.6	0.333225				
11	0.7	0.312254				
12	0.8	0.289692				
13	0.9	0.266085				
14	1	0.241971				
15	1.1	0.217852				
16	1.2	0.194186				
17	1.3	0.171369				
18	1.4	0.149727				
19	1.5	0.129518				
20	1.6	0.110921				
21	1.7	0.094049				
22	1.8	0.07895				
23	1.9	0.065616				
24	2	0.053991				

　　試在標準常態分配 $f(x)$ 中求 $(0 \le x \le 2)$ 範圍的機率。即使如此的單純，也可以概略地求出近似值 0.4944（附帶一提，正解是 0.47725… ）。

G. 利用蒙地卡羅法積分的一般公式

定義域是 $[a, b]$，求機率密度函數當作 $p(\theta)$。此時函數 $g(\theta)$ 的期待值 $E[g(\theta)]$ 可利用下式定義。

此 (1) 式右邊的計算，取決於 $p(\theta)$ 與 $g(\theta)$，會覺得困難是正常的，可是如果 (1) 式的近似值可行的話，有應用亂數的數值計算即可簡單求出的方法，此稱為應用蒙地卡羅法之積分（簡稱為蒙地卡羅法積分），原理如下：

服從求機率密度函數，為 $p(\theta)$ 的 n 個亂數，假定得出

$$\{\theta_1, \theta_2, \theta_3, ..., \theta_n\}$$

此時，以下的關係成立

$$\int_a^b g(\theta)p(\theta)d\theta \approx \frac{1}{n}\sum_{i=1}^{n} g(\theta_i) \cdots(2)$$

亦即，蒙地卡羅法是將 (2) 式之積分的和之值以右邊之值近似。

(2) 式的嚴密意義是如 n 無限大時，$\frac{1}{n}\sum_{i=1}^{n} g(\theta_i)$ 即無限地接近 $\int_a^b g(\theta)p(\theta)d\theta$。此正當性是依據「大數法則」。

依據 (1) 式與 (2) 式，θ 的機率密度函數為 $p(\theta)$ 時，函數 $g(\theta)$ 的期待值 $E[g(\theta)]$ 即可應用下式計算：

$$E\big[g(\theta)\big] \approx \frac{1}{n}\sum_{i=1}^{n} g(\theta_i) \cdots(3)$$

因此，服從機率分配 $p(\theta)$ 之機率密度函數 θ 之機率變數 θ 的平均值 m 與變異數 σ^2 即為如下：

$$m = E(\theta) \approx \frac{1}{n}\sum_{i=1}^{n}\theta_i \,, \sigma^2 = E\big[(\theta - m)^2\big] \approx \frac{1}{n}\sum_{i=1}^{n}(\theta_i - m)^2$$

1. 蒙地卡羅法的妥當性

以下就蒙地卡羅法的積分 (2) 式的妥當性調整看看。

服從機率密度函數是 $p(\theta)$ 的機率分配的 n 個亂數當作

$$\{\theta_1, \theta_2, \theta_3, ..., \theta_n\}$$

將此 n 個數據分爲 8 級整理之後，假定得出如下的次數分配表與相對次數分配圖。

分級	分級值	次數	相對次數
$a \sim a + \Delta\theta$	S_1	n_1	n_1 / n
$a + \Delta\theta \sim a + 2\Delta\theta$	S_2	n_2	n_2 / n
$a + 2\Delta\theta \sim a + 3\Delta\theta$	S_3	n_3	n_3 / n
$a + 3\Delta\theta \sim a + 4\Delta\theta$	S_4	n_4	n_4 / n
$a + 4\Delta\theta \sim a + 5\Delta\theta$	S_5	n_5	n_5 / n
$a + 5\Delta\theta \sim a + 6\Delta\theta$	S_6	n_6	n_6 / n
$a + 6\Delta\theta \sim a + 7\Delta\theta$	S_7	n_7	n_7 / n
$a + 7\Delta\theta \sim b$	S_8	n_8	n_8 / n
	合計	n	1

其中 $\Delta\theta = \dfrac{b - a}{8}$

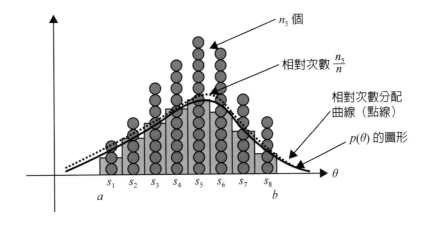

此時，使用積分（區分求積）的想法時下式成立。

$$E = \left[g(\theta)\right] \int_a^b g(\theta) p(\theta) d\theta \approx \sum_{i=1}^{8} g(S_i) p(S_i) \Delta\theta$$

區分求積的想法（參附錄F）

$$= g(S_1)p(S_1)\Delta\theta + g(S_2)p(S_2)\Delta\theta + \cdots\cdots + g(S_8)p(S_8)\Delta\theta$$

機率變數 θ 取 S_1 的機率

$$= g(S_1)\frac{n_1}{n} + g(S_2)\frac{n_2}{n} + \cdots + g(S_8)\frac{n_8}{n}$$

$$= \frac{g(S_1)+g(S_1)+\cdots+g(S_1)}{n} + \frac{g(S_2)+g(S_2)+\cdots+g(S_2)}{n} + \cdots + \frac{g(S_8)+g(S_8)+\cdots+g(S_8)}{n}$$

$$\approx \frac{g(\theta_t)+g(\theta_k)+\cdots+g(\theta_f)}{n} \quad \longleftarrow \boxed{\theta_t, \theta_k, \cdots \theta_f \text{ 是分類至 } [a, a+\Delta\theta] \text{ 的亂數}}$$

$$+ \frac{g(\theta_u)+g(\theta_j)+\cdots+g(\theta_l)}{n} \quad \longleftarrow \boxed{\theta_t, \theta_k, \cdots \theta_f \text{ 是分類至 } [a+\Delta\theta, a+2\Delta\theta] \text{ 的亂數}}$$

$$+ \cdots\cdots$$

$$+ \frac{g(\theta_k)+g(\theta_q)+\cdots+g(\theta_w)}{n} \quad \longleftarrow \boxed{\theta_t, \theta_k, \cdots \theta_f \text{ 是分類至 } [a+7\Delta\theta, b] \text{ 的亂數}}$$

$$= \frac{g(\theta_t)+g(\theta_k)+\cdots+g(\theta_f)+g(\theta_u)+g(\theta_j)+\cdots+g(\theta_l)+\cdots+g(\theta_k)+g(\theta_q)+\cdots+g(\theta_w)}{n}$$

$$= \frac{g(\theta_1)+g(\theta_2)+g(\theta_3)+\cdots+g(\theta_{n-1})+g(\theta_n)}{n}$$

$$= \frac{1}{n}\sum_{i=1}^{n} g(\theta_i)$$

機率密度關數 $p(\theta)$

$$E = \left[g(\theta)\right] \int_a^b g(\theta) p(\theta) d\theta \approx \frac{1}{n}\sum_{i=1}^{8} g(\theta_i)$$
其中
$\{\theta_1, \theta_2, ..., \theta_3\}$ 是服從此分配的 n 個亂數

θ

2. 應用 Excel 以蒙地卡羅法求常態分配的平均值

　　此處利用 Excel 後服從平均值 50、變異數 100 的常態分配發生 100 個亂數，計算下列 (4)、(5) 式，試確認其平均值 m 與變異數 σ^2 幾乎是 50 與 100。

$$m = E(\theta) \approx \frac{1}{n}\sum_{i=1}^{n}\theta_i \cdots (4)$$

$$\sigma^2 = E(\theta - m^2) \approx \frac{1}{n}\sum_{i=1}^{n}(\theta_i - m)^2 \cdots (5)$$

　　下圖中平均值是 49.58176 變異數是 107.8651。

A11				f_x	=NORMINV(RAND( ),50,10)	
	A	B	C	D	E	F	G
1	62.10404	156.8074					
2	48.87791	0.4954					
3	38.57577	121.1318					
4	28.41031	448.2303					
5	61.2218	135.4907					
6	44.79195	22.94232					
7	41.6369	63.12081					
8	42.44819	50.88781					
9	39.60275	99.58069					
10	47.11496	6.085076					
93	24.89819	609.2786					
94	61.0918	132.4809					
95	37.78153	139.2454					
96	35.8842	187.623					
97	53.45263	14.98361					
98	48.36154	1.488924					
99	58.43652	78.40682					
100	47.46523	4.479702					
101							
102	平均值	變異數					
103	49.58176	107.8651					
104							
105							
106							

H.馬可夫鏈與 MCMC 法的一般論

貝式統計有時會被要求根據事後分配進行複雜的積分計算（多重積分等）。可是，此種計算通常很費事，有時無法正確計算，計算本身也是不可行的。

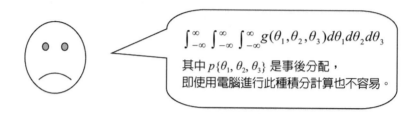

$$\int_{-\infty}^{\infty} \int_{-\infty}^{\infty} \int_{-\infty}^{\infty} g(\theta_1, \theta_2, \theta_3) d\theta_1 d\theta_2 d\theta_3$$

其中 $p\{\theta_1, \theta_2, \theta_3\}$ 是事後分配，
即使用電腦進行此種積分計算也不容易。

因此，貝式統計中蒙地卡羅積分（附錄 G）即發揮威力。

因為蒙地卡羅積分只是和與積的計算，因此不應用平常的積分計算也可完成。

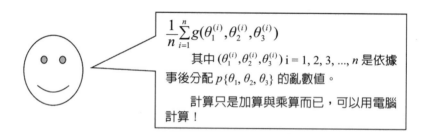

$$\frac{1}{n}\sum_{i=1}^{n} g(\theta_1^{(i)}, \theta_2^{(i)}, \theta_3^{(i)})$$

其中 $(\theta_1^{(i)}, \theta_2^{(i)}, \theta_3^{(i)})$ i = 1, 2, 3, ..., n 是依據事後分配 $p\{\theta_1, \theta_2, \theta_3\}$ 的亂數值。

計算只是加算與乘算而已，可以用電腦計算！

對複雜的積分計算來說，蒙地卡羅積分是很有效的，但是將服從事後分配的亂數值獨立分別發生，對電腦來說負擔很大。因此，利用馬可夫鏈即可有效地使服從事後分配的亂數發生。

所謂馬可夫鏈是只有眼前的狀態才會對下一個狀態有影響。亦即，當狀態從 $w_1, w_2, ..., w_{t-2}, w_t, w_{t+1}, ...$ 推論下去時，第 t 個狀態只依賴眼前的狀態 w_{t-1} 來決定。

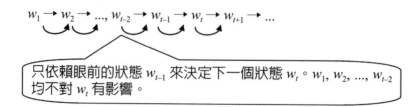

$$w_1 \rightarrow w_2 \rightarrow ..., w_{t-2} \rightarrow w_{t-1} \rightarrow w_t \rightarrow w_{t+1} \rightarrow ...$$

只依賴眼前的狀態 w_{t-1} 來決定下一個狀態 w_t。$w_1, w_2, ..., w_{t-2}$ 均不對 w_t 有影響。

　　將馬可夫鏈比作點的移動時，未來點的位置是只由現在的位置決定，與過去的位置可以說完全無關。而且，如以時系列掌握時，各時刻中的狀態，只受到前一個時刻中的狀態所影響。

　　因此，馬可夫鏈是目前對未來有影響，所以不是獨立，根據目前所發生的亂數，下一個要讓何種亂數發生，才是有效率的即時調整。此處，馬可夫鏈是有意義的。

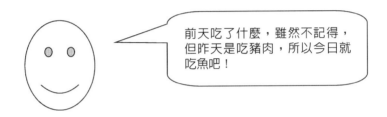

　　在此調整之際，需考慮以下將說明的「詳細均衡條件」與「Ergodic 性」。馬可夫鏈當具有這些性質時，即可有效率發生符合目的之分配亂數。

　　所謂 MCMC（Markov Chain Monte Carlo）法是利用馬可夫鏈的蒙地卡羅法經由積分有效率求出未知母數的手法。

1. 詳細均衡條件

　　設有機率分配 $p(\theta)$ 與馬可夫鏈 $w_1, w_2, ..., w_{t-2}, w_{t-1}, w_t, w_{t+1}, ...$，假定滿足以下條件：

$$對任意的 \ t \ 值來說，p(w_t)s(w_t \rightarrow w_{t+1}) = p(w_{t+1})s(w_{t+1} \rightarrow w_t) \cdots (1)$$

　　其中 $S(w_t \rightarrow w_{t+1})$ 是由狀態 w_t 向狀態 w_{t-1} 移動的機率，並且，$S(w_{t+1} \rightarrow w_t)$ 是狀態 w_{t-1} 向狀態 w_t 移動的機率，稱為遷移機率。此條件 (1) 稱為「詳細均衡條件」。

　　「詳細均衡條件」在 MCMC 法中是很重要的，因為，滿足條件的馬可夫鏈

$$w_1, w_2, ..., w_{t-2}, w_{t-1}, w_t, w_{t+1}, ...$$

是服從機率分配 $p(\theta)$。

試考慮此經由看看。

當滿足「詳細均衡條件」(1) 時，以下的大小關係即成立。

$$\overbrace{p(w_t)}^{\text{大}}\overbrace{s(w_t \rightarrow w_{t+1})}^{\text{小}} = \overbrace{p(w_{t+1})}^{\text{小}}\overbrace{s(w_{t+1} \rightarrow w_t)}^{\text{大}}$$

$$\overbrace{p(w_t)}^{\text{小}}\overbrace{s(w_t \rightarrow w_{t+1})}^{\text{大}} = \overbrace{p(w_{t+1})}^{\text{大}}\overbrace{s(w_{t+1} \rightarrow w_t)}^{\text{小}}$$

因此，從目前的狀態 w_t 向下一狀態 w_{t-1} 移動時，有以下兩種情形：

(1) 如 $p(w_t) > p(w_{t+1})$ 時，朝向比 w_t 發生可能性小的 w_{t-1} 移動的遷移機率 $s(w_t \rightarrow w_{t+1})$ 即變小。

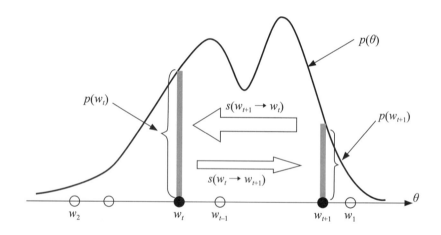

(2) 如 $p(w_t) < p(w_{t+1})$ 時，朝向比 w_t 發生可能性大的 w_{t-1} 移動的遷移機率 $s(w_t \rightarrow w_{t+1})$ 即變大，想要積極地移動。

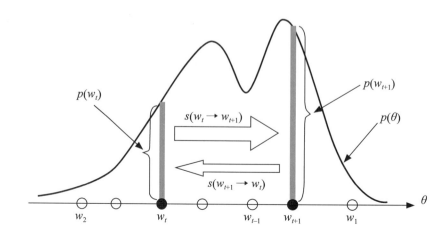

　　因此，狀態 w_t 變得容易移動到機率分配 $p(\theta)$ 容易發生的地方，或不易移動到 $p(\theta)$ 不易發生的地方。此結果，像服從機率分配 $p(\theta)$ 那樣，對任意的 t 來說在狀態 w_t 重複流入與流出。

2. 遍歷（**Ergodic**）性

　　「任意的兩個狀態 w 與 w' 之間的遷移機率，可以用有限個非 0 的遷移機率之積表示」此性質稱爲「遍歷（**Ergodic**）性」。亦即，以有限次的步驟來回於 2 個狀態之間的性質，意謂必然可以尋找到達任何地方。

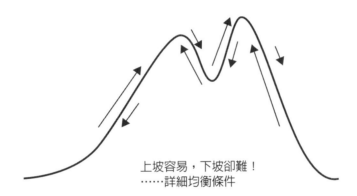

上坡容易，下坡卻難！
……詳細均衡條件

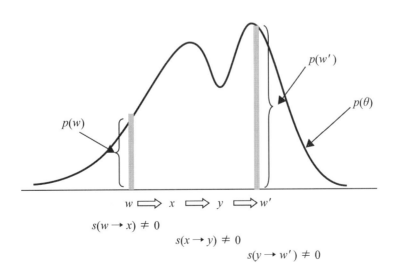

$p(w')$

$p(\theta)$

$p(w)$

$w \Rightarrow x \Rightarrow y \Rightarrow w'$

$s(w \rightarrow x) \neq 0$

$s(x \rightarrow y) \neq 0$

$s(y \rightarrow w') \neq 0$

I. 以 Excel 的規劃求解（Solver）求解線性規劃問題

Maximize $\quad 5 X_1 + 4 X_2 + 2 X_3 + X_4 + 3 X_5$

Subject to $\quad X_1 + X_2 + 3 X_3 + X_4 = 6$

$\qquad\qquad 5 X_1 + 3 X_2 + 6 X_3 + 2 X_5 = 15$

$\qquad\qquad X_1, X_2, X_3, X_4, X_5 \sim$，且都爲整數

1. 在適當儲存格鍵入相關文數字

2. 框選求算 X_1, X_2, X_3, X_4, X_5 之數值範圍（**B2～F2**）

3. 按右鍵在「定義名稱」方塊中命名「**Value**」

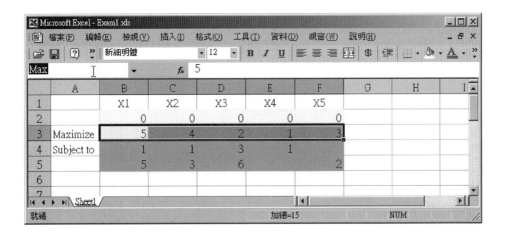

4. 同理，選取目標方程式係數值範圍（**B3～F3**），命名「**Max**」

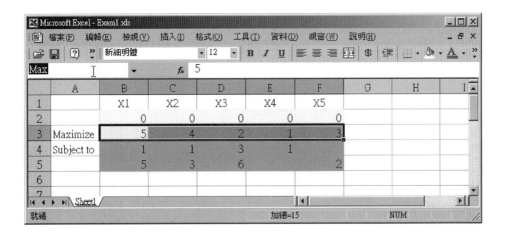

5. 選取限制式一係數值範圍（**B4～F4**），命名「**ST_1**」

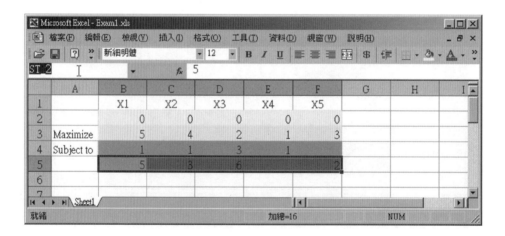

6. 選取限制式二係數值範圍（**B5～F5**），命名「**ST_2**」

7. 設定目標方程式之計算公式於 **G2** 儲存格，即 **Value** 與 **Max** 兩陣列之乘積和

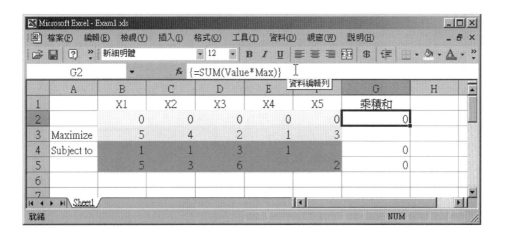

8. 在「資料編輯列」輸入「**=Sum(Value*Max)**」後，必須按下 **Ctrl+Shift+Enter** 兩端出現大括號才能作「陣列運算」！

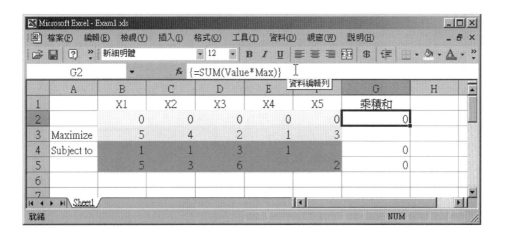

9. 同理，在 **G4** 儲存格輸入「**=Sum(Value*ST_1)**」後，按下 **Ctrl+Shift+Enter**

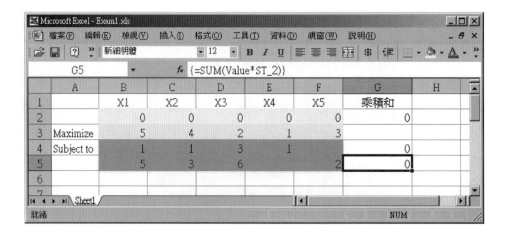

10. 在 **G5** 儲存格輸入「**=Sum(Value*ST_2)**」後，按下 **Ctrl+Shift+Enter**

11. 游標移至 **G2** 儲存格，點選功能表「資料」之「規劃求解」選項

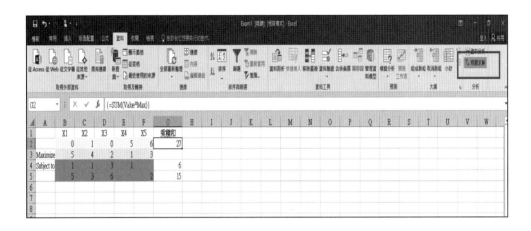

12. 出現「規劃求解參數」視窗，**G2** 自動成為「設定目標式」，「至：」設在「最大值」符合本題，不用更改

13.「變數儲存格」填入「**Value**」，代表 **B2～F2**，在「限制式」中按下「新增」按鈕

14. 填入限制式一之運算結果的儲存格地址 **G4**，並指定限制條件爲相等（＝），限制值爲 **6**，然後按下「新增」按鈕

15. 再填入限制式二之運算結果的儲存格地址 **G5**，並指定限制條件爲相等（＝），限制值爲 **15**，然後按下「新增」按鈕

16. 再填入 X_1 儲存格地址 **B2**，並指定限制條件爲整數（**int**），限制值自動顯示爲 **integer**，然後按下「新增」按鈕

17. 同理，指定 X_2, X_3, X_4, X_5 之限制條件爲整數（**int**），最後按下「取消」按鈕

18. 按下「求解」按鈕

規劃求解參數		×

設定目標式:(T) ［＿＿＿＿＿＿＿＿＿＿＿＿＿＿＿＿＿＿＿］ 🔢

至: ⦿ 最大值(M)　○ 最小(N)　○ 值:(V)　［0］

藉由變更變數儲存格:(B)
［value＿＿＿＿＿＿＿＿＿＿＿＿＿＿＿＿＿＿＿＿＿＿＿＿＿＿＿＿＿＿＿＿］ 🔢

設定限制式:(U)

\$B\$2 = 整數 \$C\$2 = 整數 \$D\$2 = 整數 \$E\$2 = 整數 \$F\$2 = 整數 \$G\$4 = 6 \$G\$5 = 15	新增(A) 變更(C) 刪除(D) 全部重設(R) 載入/儲存(L)

☑ 將未設限的變數設為非負數(K)

選取求解方法:(E)　［單純 LP　　　　　▾］　　選項(P)

求解方法
針對平滑非線性的規劃求解問題，請選取 GRG 非線性引擎。針對線性規劃求解問題，請選取 LP 單純引擎，非平滑性的規劃求解問題則選取演化引擎。

說明(H)　　　　　　　求解(S)　　　關閉(O)

19. 稍候即得解，按下「確定」按鈕

20. 檢視求解結果

J. 利用 Excel 求 BETA 分配的機率密度函數之值

Excel 並未提供有 BETA 分配的機率密度函數，因此需要略為琢磨。

BETA 分配 B(p, q) 的機率密度函數 f(x, p, q) 表示如下：

$$f(x, p, q) = \frac{1}{B(p, q)} x^{p-1} (1-x)^{q-1}$$

此處稱為 BETA 函數的一種特殊函數。

可惜 Excel 並未提供直接求 BETA 函數的函數。

因此，要利用以下之關係。

$$B(p, q) = \frac{GAMMADIST(1, P+Q, 1, 0)}{GAMMADIST(1, P, 1, 0)GAMMADIST(1, Q, 1, 0)EXP(1)}$$

GAMMADIST 函數是有關 gamma 分配的在 Excel 的統計函數，*EXP*(1) 是指數函數在 1 中值（$e^1 = e$）。本書的 BETA 函數的圖形是利用此求出。

（註）Excel2010 以後提供有 BETA.DIST。

K.以期待損失最小化所實現的中央值、衆數、平均值

母數 θ 的分配函數爲 $f(\theta)$ 時，損失函數取成絕對損失、均一損失、平方損失時，利用期待損失最小化的原理，母數 θ 的估計依序成爲中央值、衆數、平均值，試證明之。另外，將損失函數的平均值（期待值）設爲 y。

1. 絕對損失

絕對損失函數是 $L(\theta, a) = |a - \theta|$，因此，其期待值 y 爲

$$
\begin{aligned}
y &= \int_{-\infty}^{\infty} |\theta - a| f(\theta) d\theta \\
&= \int_{-\infty}^{a} |\theta - a| f(\theta) d\theta + \int_{a}^{\infty} |\theta - a| f(\theta) d\theta \\
&= -\int_{-\infty}^{a} (\theta - a) f(\theta) d\theta + \int_{a}^{\infty} (\theta - a) f(\theta) d\theta \\
&= -\int_{-\infty}^{a} \theta f(\theta) d\theta + a\int_{-\infty}^{a} f(\theta) d\theta + \int_{a}^{\infty} \theta f(\theta) d\theta - a\int_{a}^{\infty} f(\theta) d\theta \\
&= -\int_{-\infty}^{a} \theta f(\theta) d\theta + a\int_{-\infty}^{a} f(\theta) d\theta - \int_{\infty}^{a} \theta f(\theta) d\theta + a\int_{\infty}^{a} f(\theta) d\theta
\end{aligned}
$$

其於最小條件

$$
\frac{dy}{da} = -af(a) + \int_{-\infty}^{a} f(\theta) d\theta + af(a) - af(a) + \int_{\infty}^{a} f(\theta) d\theta + af(a) = 0
$$

整理後

$$
\int_{-\infty}^{a} \theta f(\theta) d\theta + \int_{\infty}^{a} \theta f(\theta) d\theta = 0 \quad から \quad \int_{-\infty}^{a} f(\theta) d\theta = \int_{a}^{\infty} f(\theta) d\theta
$$

因此，a 是將分配函數的面積 2 等分的點，亦即爲中央值。

2. 均一損失

均一損失如下定義：

$$
\begin{aligned}
L(\theta, a) &= 0(|a - \theta| \leq \Delta) \\
&\quad 1(|a - \theta| > \Delta)
\end{aligned}
$$

其期待值 y 如下設定，當作累積分配函數，

$$y = \int_{-\infty}^{a-\Delta} f(\theta)d\theta + \int_{a+\Delta}^{\infty} f(\theta)d\theta$$
$$= F(a-\Delta) - F(-\infty) + F(\infty) - F(a+\Delta)$$
$$F(-\infty) = 0 \text{、} F(\infty) = 1$$
$$y = -2f(a)\Delta + 1$$

因此，$f(a)$ 爲最大時，亦即 a 爲衆數時，期待值 y 即爲最小。

3. 平方損失

平方損失函數 $L(\theta, a) = (a-\theta)^2$，期待值 y 爲

$$y = \int_{-\infty}^{\infty} (\theta - a)^2 f(\theta)d\theta$$
$$= a^2 \int_{-\infty}^{\infty} f(\theta)d\theta - 2a \int_{-\infty}^{\infty} \theta f(\theta)d\theta + \int_{-\infty}^{\infty} \theta^2 f(\theta)d\theta$$
$$= a^2 - 2a \int_{-\infty}^{\infty} \theta f(\theta)d\theta + \int_{-\infty}^{\infty} \theta^2 f(\theta)d\theta$$
$$= \left(a - \int_{-\infty}^{\infty} \theta f(\theta)d\theta\right)^2 + 定義$$

當 $a = \int_{-\infty}^{\infty} \theta f(\theta)d\theta = [\theta 的平均值]$，期待值 y 成爲最小。

L. 簡單線性迴歸模型的事後分配的求出

此處以貝氏理論探討線性迴歸模型，其迴歸方程式以如下表示：

$$y = ax \cdots (1)$$

將迴歸方程式 (1) 如下置換。

$$y = ax + \varepsilon（\varepsilon 是服從平均值 0 的常態分配）$$

於是，$\varepsilon = y - ax$ 服從如下的常態分配

$$f(x, y|a, \sigma^2) = \frac{1}{\sqrt{2\pi}\sigma} e^{-\frac{(y-ax)^2}{2\sigma^2}}$$

此處母數是 a 與 σ。

σ 已知時，母數只有 a，由 n 個數據成立的最大概似 $L(x, y \mid a)$ 即可如下求之

$$
\begin{aligned}
L(x, y|a) &= \frac{1}{\sqrt{2\pi}\sigma} e^{-\frac{(y_1-ax_1)^2}{2\sigma^2}} \frac{1}{\sqrt{2\pi}\sigma} e^{-\frac{(y_2-ax_2)^2}{2\sigma^2}} \cdots \frac{1}{\sqrt{2\pi}\sigma} e^{-\frac{(y_n-ax_n)^2}{2\sigma^2}} \\
&= \left(\frac{1}{\sqrt{2\pi}\sigma}\right)^n e^{-\frac{(y_1-ax_1)^2}{2\sigma^2} - \frac{(y_2-ax_2)^2}{2\sigma^2} \cdots \frac{(y_n-ax_n)^2}{2\sigma^2}} \\
&\propto e^{-\frac{(x_1^2 + x_2^2 + \cdots + x_n^2)a^2 - 2(x_1y_1 + x_2y_2 + \cdots + x_ny_n)a}{2\sigma^2}}
\end{aligned}
$$

此處設

$$
\left.
\begin{aligned}
x_1^2 + x_2^2 + \cdots + x_n^2 = S_x^2 \quad & x_1y_1 + x_2y_2 + \cdots + x_ny_n = S_{xy} \\
\mu_{ML} = \frac{S_{xy}}{S_x^2} \quad & \sigma^2_{ML} = \frac{\sigma^2}{S_x^2}
\end{aligned}
\right\} \cdots (2)
$$

則

$$L(x,y|a) \propto e^{-\frac{S_x{}^2 a^2 - 2S_{xy}a}{2\sigma^2}} \propto e^{-\frac{(a-\mu_{ML})^2}{2\sigma_{ML}{}^2}} \cdots (3)$$

此 (2)、(3) 即為求最大概似的公式。

（註）ML 最大概似估計法 (Maximum Liklihood Estimation) 的簡稱。

將迴歸係數 a 的事前分配 π(a) 如下設定看看

$$\pi(\mathrm{a}) = \frac{1}{\sqrt{2\pi}} e^{-\frac{(a-\mu_0)^2}{2\sigma_0}} \cdots (4)$$

於是，利用貝氏統計的基本公式，由 (3)、(4) 事後分配即成為以下形式。

$$\pi(a|x,y) \propto L(x,y|a)\pi(a)$$

$$\propto e^{-\frac{(a-\mu_{ML})^2}{2\sigma_{ML}{}^2}} \frac{1}{\sqrt{2\pi}} e^{-\frac{(a-\mu_0)^2}{2\sigma_0{}^2}} \propto e^{-\frac{(a-\mu_{ML})^2}{2\sigma_{ML}{}^2} - \frac{(a-\mu_0)^2}{2\sigma_0{}^2}} \cdots (5)$$

將 (5) 的指數部分如下變形

$$-\frac{1}{2}\left[\left\{\frac{1}{\sigma_{ML}{}^2} + \frac{1}{\sigma_0{}^2}\right\}a^2 - 2\left\{\frac{\mu_{ML}}{\sigma_{ML}{}^2} + \frac{\mu_0}{\sigma_0{}^2}\right\}a\right] + （不含 a 的項）$$

$$= -\frac{1}{2}\left(\frac{1}{\sigma_{ML}{}^2} + \frac{1}{\sigma_0{}^2}\right)\left(a - \frac{\frac{\mu_{ML}}{\sigma_{ML}{}^2} + \frac{\mu_0}{\sigma_0{}^2}}{\frac{1}{\sigma_{ML}{}^2} + \frac{1}{\sigma_0{}^2}}\right)^2 + （不含 a 的項）$$

將此回到 (5) 時，事後分配 π(a | x、y) 的平均值與變異數成為

$$\mu_1 = \frac{\frac{\mu_{ML}}{\sigma_{ML}{}^2} + \frac{\mu_0}{\sigma_0{}^2}}{\frac{1}{\sigma_{ML}{}^2} + \frac{1}{\sigma_0{}^2}}$$

$$\sigma_1{}^2 = \frac{1}{\frac{1}{\sigma_{ML}{}^2} + \frac{1}{\sigma_0{}^2}} \cdots (6)$$

的常態分配，即

$$\pi(a|x, y) = \frac{1}{\sqrt{2\pi}} e^{\frac{-(a - \mu_1)^2}{2\sigma_1^2}} \cdots (7)$$

此 (6)、(7) 式是迴歸方程式 (1) 的迴歸係數 a 的事後分配。

M. 一般線性迴歸模型的事後分配求出

以貝氏理論探討有 2 個說明變量並帶有截距的線性迴歸模型如下

$$y = a + bx + cu \cdots (1)$$

迴歸方程式與實際數據之差設為 ε 時，此迴歸方程式在機率論上可以如下表示

$$y = a + bx + cu + \varepsilon$$

此處 ε 是目的變量 y 與 (1) 式右邊 a + bx + cμ 的誤差。

假定 ε 服從平均值 0 的常態分配，x, y, μ 所得出的機率，可以想成與如下的機率密度成比例。

$$f(x, u, y | a, b, c) = \frac{1}{\sqrt{2\pi}\sigma} e^{-\frac{(y - a - bx - cu)^2}{2\sigma^2}} \cdots (2)$$

1. 最大概似的計算

由 (2) 式，從 n 個數據 D 所得出的最大概似 L(D | a, b, c) 即可如下求之。

$$L(D|a, b, c)$$

$$= \frac{1}{\sqrt{2\pi}\sigma} e^{-\frac{(y_1 - a - bx_1 - cu_1)^2}{2\sigma^2}} \frac{1}{\sqrt{2\pi}\sigma} e^{-\frac{(y_2 - a - bx_2 - cu_2)^2}{2\sigma^2}} \cdots \frac{1}{\sqrt{2\pi}\sigma} e^{-\frac{(y_n - a - bx_n - cu_n)^2}{2\sigma^2}}$$

$$\propto e^{-\frac{(y_1 - a - bx_1 - cu_1)^2 + (y_2 - a - bx_2 - cu_2)^2 + \cdots + (y_n - a - bx_n - cu_n)^2}{2\sigma^2}} \propto e^{-\frac{1}{2\sigma^2} {}^t(Y - X\beta)(Y - X\beta)} \cdots (3)$$

此處，矩陣 x, y, β 如下完成。

$$Y = \begin{pmatrix} y_1 \\ y_2 \\ \cdots \\ y_n \end{pmatrix} \quad X = \begin{pmatrix} 1 & x_1 & u_1 \\ 1 & x_2 & u_2 \\ \cdots & \cdots & \cdots \\ 1 & x_n & u_n \end{pmatrix} \quad \beta = \begin{pmatrix} a \\ b \\ c \end{pmatrix} \cdots (4)$$

2. 事前分配的設定

　　試調查 a、b、c 的事前分配 $\pi(a, b, c)$，由以往的經驗知，假定這些平均值服從 $\mu_{a0}, \mu_{b0}, \mu_{c0}$，變異數 $\mu_{a0}^2, \mu_{b0}^2, \mu_{c0}^2$。

　　首先，如下定義矩陣。

$$\beta = \begin{pmatrix} a \\ b \\ c \end{pmatrix} \quad \mu_0 = \begin{pmatrix} \mu_{a0} \\ \mu_{b0} \\ \mu_{c0} \end{pmatrix} \quad \Sigma_0 = \begin{pmatrix} \sigma_{a0}^2 & 0 & 0 \\ 0 & \sigma_{b0}^2 & 0 \\ 0 & 0 & \sigma_{c0}^2 \end{pmatrix} \cdots (4)$$

　　於是，事前分配如下表示。

$$\pi(a, b, c) \propto e^{-\frac{1}{2}{}^t(\beta - \mu_0)\Sigma_0^{-1}(\beta - \mu_0)} \cdots (5)$$

三、事後分配的求出

　　a, b, c 的事後分配 $\pi(a, b, c \mid D)$，代入 (4)、(5) 到貝氏統計的基本公式中。

$$\pi(a, b, c \mid D) \propto L(D \mid a, b, c)\, \pi(a, b, c)$$

$$\propto e^{-\frac{1}{2\sigma^2}{}^t(Y - X\beta)(Y - X\beta)}\, e^{-\frac{1}{2}{}^t(\beta - \mu_0)\Sigma_0^{-1}(\beta - \mu_0)} \cdots (6)$$

　　此處，先整理指數部分，再計算看看。

　　(6) 的指數部分 =

$$= -\frac{1}{2\sigma^2}{}^t(Y - X\beta)(Y - X\beta) - \frac{1}{2}{}^t(\beta - \mu_0)\Sigma_0^{-1}(\beta - \mu_0)$$

$$= -\frac{1}{2\sigma^2}({}^tY - {}^t\beta\,{}^tX)(Y - X\beta) - \frac{1}{2}({}^t\beta - {}^t\mu_0)\Sigma_0^{-1}(\beta - \mu_0)$$

$$= -\frac{1}{2}\left[\frac{1}{\sigma^2}({}^tYY - {}^tYX\beta - {}^t\beta\,{}^tXY + {}^t\beta\,{}^tXX\beta) + {}^t\beta\Sigma_0^{-1}\beta - {}^t\beta\Sigma_0^{-1}\mu_0 - {}^t\mu_0\Sigma_0^{-1}\beta + {}^t\mu_0\Sigma_0^{-1}\mu_0\right]$$

$$= -\frac{1}{2}\left[{}^t\beta\left(\frac{{}^tXX}{\sigma^2} + \Sigma_0^{-1}\right)\beta - {}^t\beta\left(\frac{{}^tXY}{\sigma^2} + \Sigma_0^{-1}\mu_0\right) - \left(\frac{{}^tYX}{\sigma^2} + {}^t\mu_0\Sigma_0^{-1}\right)\beta\right] + C \cdots (7)$$

　　此處 C 是與 a, b, c 無關的常數（Constant number）。

此處新的常數矩陣 Σ_1，如下定義。

$$\Sigma_1^{-1} = \frac{{}^t XX}{\sigma^2} + \Sigma_0^{-1} \cdots (8)$$

再利用常數的矩陣 Σ_0, Σ_1 是對稱矩陣的性質

$$ {}^t\!\left(\frac{{}^t XY}{\sigma^2} + \Sigma_0^{-1}\mu_0 \right) = \frac{{}^t YX}{\sigma^2} + {}^t\!\mu_0 {}^t\Sigma_0^{-1} = \frac{{}^t YX}{\sigma^2} + {}^t\!\mu_0 \Sigma_0^{-1} \cdots (9)$$

利用 (8)、(9) 時，(7) 式（= (6) 的指數部分）即可如下變形。

(6) 的指數 =

$$= -\frac{1}{2}\left[{}^t\!\beta \Sigma_1^{-1}\beta - {}^t\!\beta\Sigma_1^{-1}\Sigma_1\left(\frac{{}^t XY}{\sigma^2} + \Sigma_0^{-1}\mu_0 \right) - \left(\frac{{}^t YX}{\sigma^2} + {}^t\!\mu_0\Sigma_0^{-1} \right)\Sigma_1\Sigma_1^{-1}\beta \right] + C$$

$$= -\frac{1}{2}\left[{}^t\!\beta \Sigma_1^{-1}\beta - {}^t\!\beta\Sigma_1^{-1}\left\{ \Sigma_1\left(\frac{{}^t XY}{\sigma^2} + \Sigma_0^{-1}\mu_0 \right) \right\} - {}^t\!\left\{ \Sigma_1\left(\frac{{}^t XY}{\sigma^2} + \Sigma_0^{-1}\mu_0 \right) \right\}\Sigma_1^{-1}\beta \right] + C$$

此處，設

$$\mu_1 = \Sigma_1\left(\frac{{}^t XY}{\sigma^2} + \Sigma_0^{-1}\mu_0 \right)$$

(6) 的指數 =

$$= -\frac{1}{2}\left[{}^t\!\beta\Sigma_1^{-1}\beta - {}^t\!\beta\Sigma_1^{-1}\mu_1 - {}^t\!\mu_1\Sigma_1^{-1}\beta \right] + C$$

$$= -\frac{1}{2}\left[({}^t\!\beta - {}^t\!\mu_1)\Sigma_1^{-1}(\beta - \mu_1) \right] + C'$$

$$= -\frac{1}{2}{}^t(\beta - \mu_1)\Sigma_1^{-1}(\beta - \mu_1) + C'$$

因此，事後分配為

$$\pi(a, b, c | x, u, y) \propto e^{-\frac{1}{2}{}^t(\beta - \mu_1)\Sigma_1^{-1}(\beta - \mu_1)} \cdots (10)$$

此即為共變異矩陣，是 Σ_1 的多變量常態分配。

〈**Memo**〉多變量常態分配

1 變量的常態分配可以如下表示

$$f(x) = \frac{1}{\sqrt{2\pi}\sigma} e^{-\frac{(x-\mu)^2}{2\sigma^2}}$$

但數個變量的常態分配要如何表示呢？此即為 (10) 式。
譬如，2 變量 x、y 時，可如下表示

$$f(x, y) = \frac{1}{(\sqrt{2\pi})^2 |\Sigma|} e^{-\frac{1}{2}{}^t(X - M)\Sigma^{-1}(X - M)}$$

此時為 2 變量的多變量常態分配，此處，

$$X = \begin{pmatrix} x \\ y \end{pmatrix} \quad M = \begin{pmatrix} \mu_x \\ \mu_y \end{pmatrix} \quad \Sigma = \begin{pmatrix} \sigma_x{}^2 & \sigma_{xy} \\ \sigma_{xy} & \sigma_y{}^2 \end{pmatrix}$$

μ_x, μ_y 是變量 x, y 的平均值，Σ 是共變異矩陣，Σ^{-1} 是 Σ 反逆陣，$|\Sigma|$ 是 Σ 行列式，將此擴充至 3 變異以上，想必不難吧！

參考文獻

1. 「貝氏統計的工具」，涌井良幸，日本實業出版社，2010。

2. 「貝氏統計入門」，涌井良幸、涌井良美，日本實業出版社，2011。

3. 「自然科學統計學」，東京大學教養學部統計教室論，東京大學出版社，2000。

4. 「行動經濟學」，友野典男著，光文社，2000。
   在網頁中隨處可見簡明的貝式統計與其應用解說。如檢索關鍵字，即可得到參考知識。
   特別是有關 MCMC 法，有具體例子的北海道大學的久保拓彌氏網頁最佳。

5. http://hosho.ees.hokudai.ac.jp/~kubo/ce/FrontPage.html
   式子的計算有詳細解說，對了解貝式統計非常方便。

6. http://www.e.u-tokyo.av.jp/~omori/MCMC/mcmc-ismo4.pdf

7. https://www.analyticsvidhya.com/blog/2016/06/bayesian-statistics-beginners-simple-english/

國家圖書館出版品預行編目資料

貝氏統計導論──EXCEL應用／楊士慶、陳耀茂
編著. ──初版. ──臺北市：五南, 2018.06
　　面；　公分
ISBN 978-957-11-9719-7（平裝）
1.貝氏統計
511　　　　　　　　　　　　　　107006900

5B32

貝氏統計導論──EXCEL應用

作　　　者 ─ 楊士慶、陳耀茂(270)

發 行 人 ─ 楊榮川

總 總 理 ─ 楊士清

主　　　編 ─ 王正華

責任編輯 ─ 金明芬

封面設計 ─ 王麗娟

出 版 者 ─ 五南圖書出版股份有限公司

地　　　址：106台北市大安區和平東路二段339號4樓

電　　　話：(02)2705-5066　　傳　　真：(02)2706-6100

網　　　址：http://www.wunan.com.tw

電子郵件：wunan@wunan.com.tw

劃撥帳號：01068953

戶　　　名：五南圖書出版股份有限公司

法律顧問　林勝安律師事務所　林勝安律師

出版日期　2018年6月初版一刷

定　　　價　新臺幣400元